U0830721

江苏省高校哲学社会科学研究一般项目（项目编号：2022SJYB2073）
盐城市社科基金项目课题（项目编号：24skA125）
盐城市产教融合发展研究中心重点课题（项目编号：2023cjrh003）

城市发展战略与路径选择

——江苏盐城的中国式现代化新实践

张 漫 寇 铮 著

燕山大学出版社
· 秦皇岛 ·

图书在版编目（CIP）数据

城市发展战略与路径选择：江苏盐城的中国式现代化新实践 / 张漫，寇铮著. —秦皇岛：燕山大学出版社，2024.6

ISBN 978-7-5761-0664-0

Ⅰ. ①城… Ⅱ. ①张… ②寇… Ⅲ. ①现代化建设—研究—盐城 Ⅳ. ① D675.33

中国国家版本馆 CIP 数据核字（2024）第 088618 号

城市发展战略与路径选择

——江苏盐城的中国式现代化新实践

CHENGSHI FAZHAN ZHANLÜE YU LUJING XUANZE

张　漫 寇　铮 著

出 版 人：陈　玉

责任编辑：孙志强　　**策划编辑：**孙志强

责任印制：吴　波　　**封面设计：**刘馨泽

出版发行：燕山大学出版社 YANSHAN UNIVERSITY PRESS　　**电　　话：**0335-8387555

地　　址：河北省秦皇岛市河北大街西段 438 号　　**邮政编码：**066004

印　　刷：涿州市般润文化传播有限公司　　**经　　销：**全国新华书店

开　　本：710 mm×1000 mm　1/16　　**印　　张：**13.25

版　　次：2024 年 6 月第 1 版　　**印　　次：**2024 年 6 月第 1 次印刷

书　　号：ISBN 978-7-5761-0664-0　　**字　　数：**200 千字

定　　价：52.00 元

版权所有　侵权必究

如发生印刷、装订质量问题，读者可与出版社联系调换

联系电话：0335-8387718

前　　言

习近平总书记在党的二十大报告中提出："从现在起，中国共产党的中心任务就是团结带领全国各族人民全面建成社会主义现代化强国、实现第二个百年奋斗目标，以中国式现代化全面推进中华民族伟大复兴。"并强调："中国式现代化，是中国共产党领导的社会主义现代化，既有各国现代化的共同特征，更有基于自己国情的中国特色。"

城市高质量发展是实现中国式现代化的物质基础，是中国式现代化建设的重要引擎和载体，是破解中国式现代化新征程中社会主要矛盾的重要抓手，是维护中国式现代化新征程中国家安全与社会稳定的重要保障。中国式现代化也对城市高质量发展提出了更高要求。

为探究"中国式现代化背景下中国沿海城市发展战略与路径选择"这一问题，本书以江苏盐城现代化新实践为研究对象，从"成果篇""实践篇"和"展望篇"三个维度，梳理盐城中国式现代化建设的实践与探索经验，剖析了盐城四大主导产业发展的优势与产业结构全景，提出盐城中国式现代化发展的新思路。

全书分三大部分，十二章内容。

第一部分"成果篇"为理论和现状研究，主要包括第一、二章的内容。阐述了中国式现代化发展的科学内涵、基本特征以及对城市高质量发展的要求，分析了盐城中国式现代化发展的现状、面临的形势，提出将盐城"6+1"优势转化为高质量发展"胜势"实现争先进位的发展路径。

第二部分"实践篇"为盐城"4+1"产业研究，主要包括第三～七章的内容。梳理了国内外新能源产业、电子信息产业、钢铁产业、汽车产业、机器人产业发展动态与发展趋势，分析了盐城四大主导产业以及未来产业（机器人）发展现状、发展困境与发展优势，提出推动盐城四大主导产业高质量发展路径以及培育未来产业（机器人），打造新质生产力的发展路径。

第三部分“展望篇”为五大专题研究，主要包括第八～十二章的内容。提出盐城“打造先进制造业产业集群、打造绿色低碳发展示范区、打造对韩合作新高地、融入东北亚经济圈、全面对接 RCEP 经贸新规则”的发展思路与可行路径。

本书还筛选了江苏常州、江苏苏州、山东潍坊、上海等城市推动相关产业发展的先进案例，总结其发展经验，不仅对盐城推进中国式现代化发展具有借鉴意义，也对江苏乃至全国沿海城市推进中国式现代化发展具有重要借鉴意义。

本书出版价值主要体现在“一新五性”上。“一新”指研究内容新，聚焦中国式现代化下城市高质量发展这一主题，提出盐城“打造先进制造业产业集群、打造绿色低碳发展示范区、打造对韩合作新高地、融入东北亚经济圈、全面对接 RCEP 经贸新规则”的新思路、新路径、新举措。“五性”指研究区域具有典型性，研究成果具有现实性、实践性、推广性和长效性。

目　　录

成　果　篇

实　践　篇

展　望　篇

成果篇

第一章　中国式现代化对城市高质量发展的要求

习近平总书记在党的二十大报告中提出："从现在起，中国共产党的中心任务就是团结带领全国各族人民全面建成社会主义现代化强国、实现第二个百年奋斗目标，以中国式现代化全面推进中华民族伟大复兴。"城市是中国式现代化建设的重要引擎和载体，要紧密结合国家整体发展战略，充分发挥城市在国家经济、政治、文化和社会等方面的引领作用，以城市现代化全面助力推进中国式现代化。

第一节　中国式现代化发展科学内涵

中国式现代化经历了四个阶段的演进，形成了具有中国特色的理论体系。中国式现代化，是人口规模巨大的现代化，是全体人民共同富裕的现代化，是物质文明和精神文明相协调的现代化，是人与自然和谐共生的现代化，是走和平发展道路的现代化[①]。

一、中国式现代化的历史演进

（一）现代化和现代化国家

现代化起源于18世纪，扩散于19世纪，流行于20世纪和21世纪。18世纪以来，工业革命推动人类社会发生巨大转变，这些转变包括从传统经济、传统社会、传统政治、传统文明向现代经济、现代社会、现代政治、现代文

① 谭文邦. 新发展阶段提升国家治理效能路径探究 [D]. 桂林：广西师范大学，2021.

明等各个方面转变，表现为世界各国赶超、达到并处于当今世界经济发展先进水平的行为与过程。现代化主要分为两个阶段的演化过程。第一阶段是从农业社会向工业社会演化的过程，第二阶段是从工业社会向知识社会演化的过程。20 世纪 60 年代以来，以欧美国家为首的发达国家先后完成第一次现代化，并启动第二次现代化。而以中国为首的大多数发展中国家尚未完成第一次现代化，其发展面临建设两次现代化的双重挑战。

现代化国家一般是指国家现代化水平达到世界先进国家的水平。学界关于现代化国家的定义可划分为定量、定性和排名三个标准。定量标准是指一个国家现代化程度达到 / 超过高收入国家的 80%，60% 的现代化指标达到 / 超过发达水平，关键现代化指标的平均水平达到发达水平；定性标准是指经济、社会、政治、文化、生态和人的现代化六个方面的发展程度都要达到世界先进水平，其中先进生产力、社会公平进步和人的全面发展，这三个指标非常关键，必须都要达到世界先进水平①；排名标准是指现代化指数以及关键现代化指标的排名要进入全球前 20 位。现代化国家发展过程中呈现出以下三个方面的特点：一是数量较少。在过去 300 年里，现代化国家的比例都不超过 20%。在过去 50 年里，现代化国家的比例约为 13% ～ 15%。二是具有相对稳定性。过去 50 年中，现代化国家保持继续现代化水平的国家比例约为 90%②。三是处于国际价值链的高端。现代化国家具有较强的创新能力，多为“创新型国家”“头脑型国家”和“知识型国家”等。当前，中国第一次现代化已经完成 99%，基本完成了工业化，第二次现代化已经启动，约为发达国家水平的 44%。总体而言，中国的现代化水平高于一般发展中国家，与中等发达国家水平的差距较小。

---

① 何传启 . 现代化科学专题报告实录：开启全面现代化建设新征程（2020 年全国科普日活动专题报告）[C]//《科学与现代化》2020 年第四季度 . 中国科学院中国现代化研究中心，2020：15.

② 中国科学院中国现代化研究中心 . 服务业现代化的发展趋势和战略选择 [M]. 北京：科学出版社，2018.

（二）中国式现代化的演进阶段

第一阶段（探索期）：现代化实践探索阶段

从19世纪中叶起，洪秀全、康有为、严复、孙中山等仁人志士就开始向西方国家寻找真理，探索中国现代化发展道路。新民主主义革命时期，中国共产党带领广大人民进行新民主主义革命，推翻帝国主义、封建主义、官僚资本主义三座大山，建立了人民当家作主的新中国，实现了民族独立、人民解放，为实现现代化创造了根本社会条件。通过废除封建土地制度，没收官僚资本，允许多种经济成分并存政策，致力于将中国由农业国家转变为工业国家。

第二阶段（奠基期）："四个现代化"提出阶段

1956年9月，毛泽东同志在党的第八次全国代表大会开幕词中指出："中国共产党人现在面临的任务是要把一个落后的农业的中国改变成为一个先进的工业化的中国，建立一套完整的工业体系。"1959年底，毛泽东同志在读《政治经济学教科书》第二十三章《社会主义国民经济体系的建立》时提出了社会主义可能分为不发达和比较发达两个阶段的思想。1964年12月，在三届全国人大一次会议上周恩来作政府工作报告，首次提出实现"四个现代化"的历史性任务，指出要把我国建设成为一个具有现代农业、现代工业、现代国防和现代科学技术的社会主义强国，赶上和超过世界先进水平。

第三阶段（形成期）：中国式现代化概念形成阶段

1978年12月召开的党的十一届三中全会，开启了改革开放和社会主义现代化建设新征程。1979年3月30日，邓小平在党的理论工作务虚会上指出："搞建设要适合中国情况，走出一条中国式的现代化道路，中国式的现代化，必须坚持从中国的特点出发。"1982年9月，邓小平在党的十二大开幕词中明确提出"走自己的道路，建设有中国特色的社会主义"。党的十三大提出了社会主义初级阶段理论，并提出了党在社会主义初级阶段的基本路线，即"一个中心、两个基本点"①。

① 汪洋．中国特色社会主义理论的历史起点和发展阶段[J]．中央社会主义学院学报，2005（10）：87-89.

第四阶段（拓展期）：中国式现代化理论体系拓展阶段

党的十八大以来，在领导中国式现代化建设过程中，习近平总书记科学总结历史经验，深刻把握现代化建设规律，基于新时代、新阶段的新特点、新要求，进一步回答了我们要建设什么样的社会主义现代化强国、怎样建设社会主义现代化强国等一系列重大问题，不断丰富和充实中国式现代化理论，为全面建设社会主义现代化国家提供了理论指导和根本遵循，也极大地推动着马克思主义中国化的发展。党的二十大报告系统地阐述了中国式现代化的内涵和本质，形成了关于中国式现代化的理论体系。

二、中国式现代化发展的科学内涵

要实现中国式现代化，必须坚持以经济建设为中心不动摇，必须把高质量发展作为全面建设社会主义现代化国家的首要任务。必须坚持党的全面领导，必须坚持建设现代化经济体系和构建新发展格局协同推进。必须坚持深化改革，推进国家治理体系和治理能力建设。必须坚持全面依法治国，推进法治中国建设。必须坚持全面从严治党，以党的自我革命引领社会革命。必须统筹好发展和安全，推进国家安全体系和能力现代化[①]。

中国式现代化是中国共产党团结带领全国各族人民开创和形成的，创造了人类文明新形态。中国式现代化不仅要符合现代化的一般特征，更要体现中国国情和进入新时代后中国特色社会主义的发展要求。中国式现代化，最终目标定位是赶超发达国家。同步推进新型工业化、信息化、城镇化、农业现代化是中国的独特创造，不仅需要准确把握这“四化”在新时代的新内容，还要按照共同富裕的要求，关注农村和后发展地区现代化的跨越，建立彰显优势联动的现代化区域协调发展体系[②]。

党的领导的独特优势、独立自主的重要原则、以人民为中心的基本立场、共同富裕的本质规定、人类文明新形态的表现形式统一于中国式现代化新道

① 韩保江，李志斌 . 中国式现代化：特征、挑战与路径 [J]. 管理世界，2022，38（11）：29-43.

② 洪银兴 . 论中国式现代化的经济学维度 [J]. 管理世界，2022，38（4）：1-15.

路。领导力量新、基本立场新、根本目标新、发展路径新、社会形态新等，全面彰显了中国式现代化新道路的鲜明特征，昭示着新时代新征程全面建设社会主义现代化国家的光明前景①。

第二节　中国式现代化的特征

中国式现代化是世界现代化的中国探索，具有世界现代化进程的共同特征。中国式现代化是中国共产党领导的社会主义现代化探索，是基于中国国情的现代化实践，具有不同于世界现代化的鲜明特征。中国式现代化切合中国实际，既体现了社会主义建设规律，也体现了人类社会发展规律，拓展了发展中国家走向现代化的途径，为人类探索社会制度发展提供了中国智慧和中国方案。

一、中国式现代化具有各国现代化的共同特征

中国式现代化的共同特征体现在：中国式现代化是我国社会由不发达状态向发达状态转变的过程，是我国社会科学技术发展、生产力发展与生活质量发展达到现代高度的过程，是现代科学技术引领和推动我国社会主义社会生产力和人民生活质量赶上和超过世界先进水平的过程②。

（一）由不发达状态向发达状态转变的过程

现代化是由不发达状态向发达状态转变的过程，我国作为社会主义国家，其在发展过程中也客观经历了不发达和发达的两种状态。把不发达的社会主义国家建成社会主义现代化强国的过程，就是中国由不发达状态向发达状态转变的过程。

（二）社会科学技术发展、生产力发展与生活质量发展达到现代高度的过程

摆脱不发达困境，必须坚持科学技术是第一生产力，人才是第一资源，

① 王永贵 . 中国式现代化新道路的鲜明特征 [J]. 思想教育研究，2022（10）：10-15.

② 骆郁廷 . 中国式现代化：共同特征与中国特色 [J]. 马克思主义研究，2023（1）：56-63，159-160.

创新是第一动力。通过知识创造和技术创新，推动形成新质生产力，使我国现代生产力的发展赶上和超过世界先进水平。我国长期推进的“四个现代化”，就是以创新发展为核心和龙头的现代化。我国的现代化进程就是通过科技创新赶超世界先进水平，进而提升国家的整体现代化程度的过程。

（三）生产力和人民生活质量超过世界先进水平的过程

中国式现代化不仅是物质生活的改善，也包括精神生活的充实。科学技术促进了人们的生活方式的现代化，改善了人们的交往方式特别是精神交往方式，促进了人们精神世界的发展、精神需要的满足和精神生活质量的提升。科技创新推动形成低消耗、少排放、能循环、可持续的绿色低碳发展方式，实现社会现代化和人的现代化的良性互动和相互促进，符合现代化发展趋势和人民共同愿望。

二、中国式现代化具有中国特色

中国式现代化的中国特色体现在：中国式现代化是人口规模巨大的现代化，是全体人民共同富裕的现代化，是物质文明和精神文明相协调的现代化，是人与自然和谐共生的现代化，是走和平发展道路的现代化[①]。

（一）显著特征：人口规模巨大的现代化

人口规模巨大是中国式现代化的“显著特征”。根据 2023 年国家人口普查数据，中国总人口达 14.2 亿，占世界总人口的 1/5，规模超过现有发达国家人口的总和，是人类历史上规模最大的现代化，也是难度最大的现代化。吃饭、就业、分配、教育、医疗、住房、养老、托幼等一系列问题，都不是容易解决的事情。实现 14 亿中国人口规模的现代化，意味着其人口数量超过现在发达国家总和，面临着前所未有的艰巨性和复杂性，也面临着广大的发展机遇和发展前景；意味着想问题、作决策、办事情，必须考虑人口基数问题，资源要素配置、生产过程组织、产品流通消费需要统筹好国内国际两个市场、两种资源；意味着鲜明的中国特色必须要考虑地区差距、城乡差距、收入差距的现实问题，既不能好高骛远，也不能因循守旧，要坚持稳中求进、

① 谭文邦 . 新发展阶段提升国家治理效能路径探究 [D]. 桂林：广西师范大学，2021.

循序渐进、持续推进。

（二）本质特征：全体人民共同富裕的现代化

全体人民共同富裕是中国式现代化的“本质特征”。中国式现代化以人民为中心，西方现代化以资本为中心。中国式现代化要实现全体人民共同富裕，西方现代化导致的是两极分化。西方现代化在几百年的推进中，把贫困转嫁给广大发展中国家，但是本国在分配领域仍然存在贫者愈贫、富者愈富的极为不公平的现象。实现全体人民共同富裕的现代化意味着要将现代化建设的出发点和落脚点放在“人民对美好生活的向往”上，促进“全面富裕”；意味着要在推动高质量发展过程中，既要做大做强“蛋糕”，又要分好“蛋糕”，让现代化建设成果更多更公平惠及全体人民[①]，增强人民的获得感、幸福感、安全感。

（三）崇高追求：物质文明和精神文明相协调的现代化

物质文明和精神文明相互协调、相互促进，是中国式现代化的“崇高追求”。马克思主义认为，物质文明和精神文明紧密联系、互相影响、互为条件、辩证统一。“物质贫困不是中国式现代化，精神贫乏也不是中国式现代化。”实现物质文明和精神文明相协调的现代化意味着要不断提升现代化的物质基础，夯实人民幸福生活的物质条件；意味着要一手抓物质文明，一手抓精神文明，促进物质文明和精神文明相互协调、相互促进，避免物质文明和精神文明失衡发展；意味着要坚持系统观念，以辩证的、全面的、平衡的观念正确处理物质文明和精神文明的关系，促进“两大文明”协同发展。

（四）鲜明特征：人与自然和谐共生的现代化

人与自然和谐共生的现代化是中国式现代化的“鲜明特点”。尊重自然、顺应自然、保护自然，促进人与自然的和谐共生是中华优秀传统文化赋予中国式现代化的智慧底蕴。实现人与自然和谐共生的现代化意味着中国式现代化必须坚持节约资源和保护环境的基本国策；坚持节约优先、保护优先、自然恢复为主的方针；坚持“绿水青山就是金山银山”的发展理念，以优良的生态环境

---

① 吴政隆．坚持把为民造福作为最大政绩 [J]. 党建研究，2022（6）：4-6.

品质支撑高质量发展。

（五）突出特征：走和平发展道路的现代化

坚持和平发展，走和平发展道路是中国式现代化的“突出特征”。中国式现代化是建立在中国人民勤劳、智慧、奋斗基础上的现代化，是和平发展、互利合作、共同繁荣的现代化，是致力于推动构建人类命运共同体、创造人类文明新形态的现代化。走好和平发展道路的现代化意味着中国式现代化是同世界各国合作共赢，而不是“国强必霸”的现代化；意味着我们要始终高举和平、发展、合作、共赢旗帜，奉行互利共赢的开放战略，践行真正的多边主义，弘扬全人类共同价值，努力为人类和平与发展作出更大贡献。

第三节　中国式现代化对城市高质量发展的要求

城市高质量发展是实现中国式现代化的重要支撑，是破解中国式现代化发展过程中社会主要矛盾的重要抓手，是实现中国式现代化新征程中国家安全与社会稳定的重要保障。中国式现代化也对城市高质量发展提出了更高要求，中国式现代化建设进程中城市应发挥创新驱动的引领作用，加强基础设施建设，强化区域协调带动，加强对外交流与合作。

一、城市高质量发展对中国式现代化发展的推动作用

（一）实现中国式现代化的物质基础

城市是实现中国式现代化建设的重要引擎，是物质文明和精神文明建设的主阵地，城市高质量发展能够为中国式现代化建设提供坚实的物质基础。中国已进入新发展阶段，社会生产力水平总体上显著提高，但处于且未来还将长期处于社会主义初级阶段的客观实际仍未改变。因此，只有坚定不移推动城市高质量发展，从而促进城市经济实现质的稳步提升和量的合理增长[①]，才能为实现中国式现代化建设奠定更坚实的物质基础。

① 曾立，吴刚 . 这份质量高成色好的成绩单得来不易 [N]. 重庆日报，2021-12-21（04）.

（二）破解中国式现代化新征程中社会主要矛盾的重要抓手

党的十九大报告指出："中国特色社会主义进入新时代，我国社会主要矛盾已经转化为人民日益增长的美好生活需要和不平衡不充分的发展之间的矛盾。"[①]随着社会主义经济建设、政治建设、文化建设、社会建设、生态文明建设的持续推进，我国社会生产力发展在一定程度上已经满足了广大人民群众的物质文化生活需求，但更高层次的物质文化生活需求和民主、法治、公平、正义、安全、环境等方面更加充实、更为丰富、更高质量的精神文化生活却没有得到很好的满足，而破解这些不平衡、不充分发展问题的关键，就在于推动城市高质量发展。

（三）维护中国式现代化新征程中国家安全与社会稳定的重要保障

当前，国际形势纷繁复杂，逆全球化思潮抬头，局部冲突和动荡频发，国际社会的不稳定、不确定、难预料成为常态。我国的发展正面临新机遇、新环境和新挑战，未雨绸缪地防范各种"黑天鹅""灰犀牛"事件是中国式现代化的内在要求。城市作为中国式现代化建设的排头兵，只有推动城市高质量发展，提高地方政府治理体系与治理能力现代化水平，建设现代化城市经济体系，才能确保城市经济发展、基础设施建设和重大科技攻关等关键领域的安全、韧性和可控，才能为中国式现代化建设的行稳致远保驾护航。

二、中国式现代化对城市高质量发展的要求

（一）城市应发挥创新驱动的引领作用，提升核心竞争力

城市作为中国式现代化的"主战场"，必须将加强科技创新摆在更加突出位置，让科技创新成为产业升级、经济发展的主要驱动力。通过提升企业技术创新能力、激发人才创新活力、完善科技创新体制机制，推进先进制造业和现代服务业深度融合，实现经济结构转型升级，提高城市的核心竞争力。

（二）城市应加强基础设施建设，提供优质的公共服务

城市必须坚持以人民为中心，统筹推进交通、水利、能源、通信等基础

① 张丽萍 . 坚持以人民为中心 做好交通强国铁路先行的践行者 [J]. 理论学习与探索，2018（6）：9-10.

设施建设，构建功能完善、互联互通、安全高效、绿色环保的现代基础设施体系。推动信息技术与城市管理和公共服务相融合，加快智慧城市建设，提升公共治理能力。城市发展必须与生态环境保护相结合，通过建设生态友好型城市，推动低碳、环保的产业发展，为市民提供更多生态福祉。

（三）城市应融入区域一体化进程，强化区域协调带动

区域是城市形成和发展的基础，城市是区域的中心，区域哺育城市，城市反哺区域。城市群内部，既要避免大城市过度集聚和小城镇的边缘化，还要通过持续推动区域经济均衡发展、城乡一体化进程。在“发展”上，要充分发挥各地区资源禀赋和比较优势，发展特色优势产业，通过合理分工构建区域经济竞争优势；在“协调”上，充分发挥党对经济工作的集中统一领导，通过整体规划形成“一盘棋”的合理分工，既在全国层面整体推进，又充分发挥各地区的积极性、主动性和创造性，促进区域经济高质量发展。

（四）城市应加强对外交流与合作，扩大国际“朋友圈”

推进国际友好城市建设是我国城市外交的重要形式，是全面实行对外开放与推进我国对外合作的桥梁。城市应积极构建“国际友好城市”+“友好交流城市”对外关系网络，推动政府、企业、民间组织在经贸、文体、旅游、教育、卫生等领域有更多合作①。要通过“引进来、走出去”持续加强对外交流合作，学习、借鉴和引进国际友城建设经验，努力提高城市国际化水平，共同应对全球性挑战，推动可持续发展的全球合作，为中国式现代化建设提供持续动力。

---

① 酒泉：王立奇主持召开市委外事工作委员会第四次全体议 [EB/OL].（2022-04-14）http://news.sohu.com/a/537990712_121222170.

第二章　盐城中国式现代化发展的基础与优势

盐城地处长三角一体化发展、淮河生态经济带、江苏沿海发展等系列国家战略叠加地带，具有良好的区位优势和发展基础。新时代新征程，盐城深刻领会中国式现代化的中国特色、本质要求、战略安排、重大原则，聚焦一条主线、紧扣“排头兵”“新赛道”两个关键词，做好绿色制造、绿色能源、绿色生态、绿色宜居四篇文章，以建设绿色低碳发展示范区为总抓手，统筹经济社会发展全局，展现“国际湿地、沿海绿城”的生态魅力、发展活力，奋力谱写中国式现代化盐城新篇章。

第一节　盐城中国式现代化发展的基础

近年来，盐城坚持稳中求进的工作总基调，稳步推进经济社会发展，城市综合实力大幅跃升、产业转型实现新突破、科技创新活力不断提升、对外开放水平不断提升、改革创新活力不断彰显、内外联通更加高效，高质量发展取得积极成效，为“强富美高”新盐城现代化建设迈出坚实步伐。

一、城市综合实力大幅跃升

2022 年盐城地区生产总值达 7 079.8 亿元，同比增长 4.6%，增速位列江苏省第一，在全国地级以上城市中排名第 39 位，人均 GDP 超过 1 万美元。规模以上工业总产值、一般公共预算收入、进出口总额、金融机构本外币存款余额等指标绝对值均实现“上台阶”，分别突破 7 000 亿元、440 亿元、200 亿元、10 000 亿元。SK 动力电池等一批百亿级项目竣工投产，产业集聚能力进一步加强。“一带一路”倡议、国家沿海大开发战略、长三角一体化发展战略、淮河生态经济带等国家战略红利加快转化为新动能，区域影响力和竞争力不断增强。

二、产业转型实现新突破

盐城产业转型实现了从汽车“一业为主”到汽车、钢铁、新能源和电子信息四大主导产业“多轮驱动”的突破性进展，一批具有盐城特色的产业地标加速崛起，让盐城的发展“含绿量”更高、“含金量”更足[①]。盐城工业开票销售跨越四个千亿元台阶，其中2021年连续跨越7 000亿元、8 000亿元台阶，达到8 081.3亿元；电子信息、钢铁产业等四大主导产业规模均超千亿元。2022年23条重点产业链规上开票销售5 800亿元，正加快构建“万亿规模总量、千亿产业支撑、百亿企业引航”新格局。

三、科技创新活力不断提升

以“鼎新”带动“革故”，以增量带动存量，盐城在开展关键核心技术攻关、实施高企培育壮大、科创载体集群建设等方面持续发力，推动科技创新迈上新台阶。2022年，新增高新技术企业239家；高新技术产业产值同比增长33.2%，技术合同成交额突破163亿元；瞪羚、独角兽入库培育企业分别为273家、22家，通过省市评估瞪羚企业89家、潜在独角兽企业6家，9家科技企业进入省科技企业上市培育库，入库数量全省第五、苏北苏中第一。规模以上工业企业“智改数转”覆盖面超过40%，2 404家企业入户诊断，实施2 011项智能化数字化改造项目，创成2个国家级智能制造示范试点、15家省示范智能工厂、19家省五星级上云企业，均位居苏北苏中前列。

四、对外开放水平不断提升

盐城深耕日韩，面向东北亚，联通“一带一路”沿线市场，通过扩大

① 周樑．盐城：打造现代产业体系 走好工业强市之路 [N]. 中共江苏省委新闻网，2022-10-08.

“朋友圈”、建立“合作群”，经贸合作质量和水平不断提高。2015年6月，中韩自贸协定签署，盐城成为中韩产业园地方合作城市。2017年12月，国务院批准设立中韩（盐城）产业园。中韩（盐城）产业园抢抓共建“一带一路”、RCEP实施等叠加机遇，坚持以对韩合作为特色，聚焦汽车、新能源装备等产业，累计招引韩资项目114个，对韩进出口超80亿美元。依托中韩（盐城）产业园发展基金，累计投资项目28个，落地总规模146亿元。“一带一路”沿线国家和地区在盐城新设企业1 175家、实际投资91.1亿美元，分别占全市比重72.9%、82.3%。2022年全市实际使用外资达11.8亿美元，实现“六连增”。成功获批国家级跨境电商综合试验区，举办东盟汽配和日本轻工消费品盐城专场等活动，2022年进出口总额突破200亿美元，增速列全省第三。其中与“一带一路”沿线国家和地区进出口总额，由2013年的9.7亿美元提高至77亿美元，占全市比重37.3%，提升22.3个百分点。全市在“一带一路”沿线国家和地区开展项目投资95个，投资总额达26.2亿美元，占全市比重89.6%。

五、改革创新活力不断彰显

改革创新，是推动高质量发展的强大动力。近年来，盐城持续推动改革再深入、创新再发力，全市已复制或正复制推广扩大通关无纸化、“单一窗口”建设等202项自贸区政策。出台《关于推进全市开发园区创新提升打造改革开放新高地的实施意见》，推动园区优化整合。建设外国人来华工作“一站式”服务专区，推动盐城海关进、出口整体通关时间比2017年基准值分别压缩62.9%、61%。全国首开“一照多址＋一照通行”企业开办新模式，率先建成工程建设项目数字化“多图联审”平台，首创12345“一哨联办”办理机制，整合跨部门、跨层级行政资源破解企业难题，江苏省率先建成不动产登记交易综合服务平台，推行市政公用设施联合报装新模式，成为江苏省首批公共资源领域数字人民币场景应用试点地区。

六、内外联通更加高效

陆上交通网络持续织密，先后建成盐青、盐徐、盐通高铁，直达北京、上海、西安等城市，成为沿海和京沪高铁大通道的交汇点，开通中欧（亚）货运接续班列。全市公路总里程 2.62 万 km，全省第一，高速公路 417.1 km，形成“三纵一横一联”高速公路网。建成 104 km 城市快速路，市区任意点位 15 分钟快速通达。“两高一空”水路运输能级不断提升，内河航道通航里程 4 377 km，全省第一，干线航道覆盖沿海大丰、滨海、响水港区。盐城港一港四区均为国家一类开放口岸，拥有生产性码头泊位 82 个，内河港 8 个港区拥有生产性泊位 514 个。2022 年，全市沿海港口货物吞吐量、集装箱运输量增速列全国沿海港口第一和第二位。航空枢纽地位日益突出，建成 T2 航站楼，完成 T1 航站楼改造，国内外通航点 31 个，覆盖国内千万级枢纽机场，开通全省首条韩日全货机航线，2021 年货邮吞吐量首次突破万吨。建成建湖国家级通用机场、射阳通用机场。

第二节　盐城中国式现代化发展面临的形势

我国已转向高质量发展阶段，处在转变发展方式、优化经济结构、转换增长动力的攻关期。盐城的中国式现代化建设处于重要战略机遇期，同时也面临着多重挑战，需要辩证认识和准确把握。

一、盐城中国式现代化发展面临的形势①

从全球看，当今世界正经历百年未有之大变局，世界进入动荡变革期，不稳定性和不确定性明显增加。同时也应看到，和平与发展仍是时代主题，新一轮科技革命和产业变革深入发展，数字经济成为推动和引领发展的重要力量，经济全球化和区域经济一体化是大势所趋，人类命运共同体理念更加深入人心。国际形势的重大深刻变化，既为盐城发挥资源禀赋优势、参与国

① 盐城市国民经济和社会发展第十四个五年规划和二〇三五年远景目标纲要 [EB/OL].（2021-03-04）http://www.yancheng.gov.cn.

际产业分工带来新机遇，也对盐城融入区域一体发展、重塑对外开放格局提出新挑战。

从全国看，我国已转向高质量发展阶段，处在转变发展方式、优化经济结构、转换增长动力的攻关期①。尽管区域发展的不平衡问题仍然存在，关键领域改革任务仍然艰巨，科技创新能力仍不适配高质量发展要求，但我国制度优势显著，社会大局稳定，经济长期向好，发展韧性强劲，继续发展具有多方面优势和条件。国内高质量发展，为盐城融入国内国际“双循环”、融入全国统一大市场、提升城市发展能级提供强有力支撑。

从全省看，江苏已经成为我国发展基础最好、创新能力最强、开放程度最高的地区之一，“强富美高”新江苏建设取得重大阶段性成果。省域一体化发展格局和重大生产力布局加速优化，现代产业集群和高质量创新型省份建设协同并进，向海发展战略深入实施，美丽江苏建设高起点推进。盐城需要深刻理解和把握全省经济社会发展动态和走向，立足当前、着眼长远，抓住机遇、释放优势，力争在最有基础、最具潜力的领域争当表率、争作示范、走在前列。

从全市看，随着盐城成为长三角中心区城市、迈入高铁时代、黄海湿地成功申遗，盐城的时空坐标和资源价值发生了历史性变化，需要站在更高层次应势而为、主动作为，更加积极主动地融入新发展格局。把握产业分工和竞争版图重构的新趋势，统筹发挥空间、生态、农业、区位的综合优势，主动承接长三角、珠三角、长江经济带产业转移，加快建设“长三角的盐城”“中国东部沿海的盐城”，努力在更大区域、更畅循环中集聚各类发展要素资源。

二、盐城中国式现代化发展的主要任务

（一）打造现代化的产业集群

党的二十大报告指出，“坚持把发展经济的着力点放在实体经济上”“推

---

① 李克强．“十四五”时期经济社会发展指导方针：学习贯彻党的十九届五中全会精神 [J]. 企业观察家，2020（12）：74-79.

动战略性新兴产业融合集群发展”。发展先进制造业集群，是盐城推动产业链往“高”攀升、向“新”进军、以“融”提质的重要抓手，有利于形成协同创新、人才集聚、降本增效等规模效应和竞争优势。因此盐城要聚焦提升实体经济竞争优势，着力壮大主导产业，加快突破新兴产业，改造提升传统产业，积极发展高技术含量、高附加值的产品体系，推动产业向价值链中高端迈进，助推构建现代产业体系。

（二）打造绿色低碳发展示范区

党的二十大报告强调，推动经济社会发展绿色化、低碳化是实现高质量发展的关键环节。江苏省委省政府专门出台《关于支持盐城建设绿色低碳发展示范区的意见》，要求“推动低碳零碳产业园区试点”，这是省委省政府交给盐城先行先试的一项重大任务。盐城要在“三创”“四进”“五化”上下功夫，即要在总目标上围绕创牌、创特、创新“三创”，研发新技术、构建新标准；要坚持系统推进、循序渐进、破立并进、合作共进，统筹处理好短期目标与长远规划、局部试点与全域推进、能源转型与安全保供等关系；在实践层上推动能源清洁化、产业绿色化、设施低碳化、管理智慧化、认证国际化。

（三）打造对韩合作新高地

党的二十大报告提出，要加快构建以国内大循环为主体、国内国际双循环相互促进的新发展格局。盐城是全国较早开展对韩经济合作，也是韩资最为密集的城市之一，先后集聚了现代起亚、SKI、摩比斯等 900 多家韩资企业，总投资突破 130 亿美元。进入新发展阶段，盐城要紧紧围绕贯彻新发展理念、构建新发展格局、推动高质量发展，以中韩（盐城）产业园为重要平台，全面深化对韩经贸交流，加快建设东北亚地区经济“小循环”重要支点。

（四）融入东北亚经济圈

习近平主席在第十二届中国—东北亚博览会致贺信上提出：“希望各国政府、机构和企业代表用好这一平台，汇聚共识、推进合作，扩大成果，携手开创东北亚新的美好未来。”江苏省委书记娄勤俭在省委十三届九次全会上提出：“面朝大海、向海发展、赋‘能’未来，成为绿色转型的典范，让老区人民的日子越过越红火。”这为盐城未来发展指明了方向目标。东北亚作为盐城

"向海图强、借海登高"的重要支点，要聚焦大交通、构建大产业、拓宽新空间、提升软力量、打造强磁场，以更高标准、更大范围、更宽领域、更深层次对外开放。

（五）全面对接 RCEP 经贸新规则

习近平总书记强调必须立足中国超大规模市场，高水平实施《区域全面经济伙伴关系协定》。RCEP 作为当今世界覆盖人口数量最多、成员结构最多元、发展潜力最大的自由贸易区，盐城要坚定不移推进高水平开放，加快高水平对接，积极参与全球产业链合作，不断稳固和强化产业链、供应链，拓展并提高产业链附加值，把握 RCEP 带来的市场开放机遇。

第三节　盐城中国式现代化发展的优势

盐城实现中国式现代化发展需要明优势、观大势、谋胜势。非常"6+1"优势，是盐城全面落实"四个走在前"重要任务，融入新发展格局的信心所在、底气所在、潜力所在，必须找准切入点和着力点把这些优势充分挖掘好、发挥好、拓展好，把优势转化为具体工作部署，转化为高质量发展"胜势"，实现争先进位。

一、盐城非常"6+1"优势[①]

（一）地处长三角的区位优势

盐城是长三角中心区 27 个城市之一，拥有上海在外历史最悠久、面积最大的"飞地"，拥有沪苏首个省级合作共建园区、长三角一体化产业发展基地等平台载体，是承接长三角、苏南苏中产业溢出、科创溢出和人才溢出最具优势的地区之一。

（二）区域面积大的空间优势

盐城拥有江苏省内最长的海岸线、最大的沿海滩涂、最广的海域面积和

---

① 共享盐城非常"6+1"比较优势 [EB/OL].（2023-05-19）https://baijiahao.baidu.com/s?id=1766324284640365024&wfr=spider&for=pc.

最广阔的开发腹地，土地面积接近苏锡常的总和，建设用地面积接近一个设区市的总面积，可容纳投资额百亿元级甚至千亿元级的重特大产业项目。

（三）集疏运体系完备的综合物流优势

盐城拥有港口、机场等 5 个一类对外开放口岸，空港、海港、高铁、高速通达国内外大中城市，航道码头、铁路支线等重点工程正全力推进，公铁水联运、河海联运的集疏运体系为项目大进大出提供坚实支撑。

（四）“风光火气氢”一体化的能源优势

盐城拥有丰富的“风光”资源，海上风电规模接近全省一半、全国五分之一，新能源发电装机容量近 1 300 万 kW，绿色能源使用比例超过六成，2 000 万吨中海油 LNG“绿能港”项目落地投产，国信射阳、国信滨海、国家电投滨海 6×100 万 kW 高效清洁煤电项目加快建设，能够充分保障重大项目用能需求。

（五）绿色生态宜居的环境优势

盐城拥有长三角地区最大的绿肺、最好的空气质量和最美的自然生态风光资源，黄海湿地是我国第一处滨海湿地类型世界遗产，作为 2023 全球滨海论坛举办地，盐城“国际湿地、沿海绿城”的生态魅力、发展活力得到充分彰显。

（六）乡贤资源丰富的人脉优势

崇文重教的优良传统让盐城英才辈出，这里走出两院院士 22 名，大量杰出人士活跃在政界、学界与商界，2 万多名海外侨胞遍及五大洲，成为推动盐城发展不可或缺的宝贵财富。

与“六大优势”同等重要的是，盐城正全力打造一流营商环境，持续擦亮“盐诚办”服务品牌，实行重大项目全周期服务，让广大企业家在盐城投资放心、发展安心、生活舒心。

二、盐城“优势”向“胜势”转化路径

（一）用好区位优势，放大协同效应

在融入长三角过程中，要摆脱“接轨”属性，探索从“参与者”升级成

"主导者"，从"服务配套"升级成"重要中心城市"的发展路径。一是用好"飞地"资源，将"后花园"发展为"主战场"。在做好上海"菜篮子""米袋子""肉盘子""奶罐子"供应基础上，要同通过一二三产融合创新，探索通过"预制"和深加工提升农产品效益和多元销售渠道，带动农业规模化、标准化、品牌化、产业化发展。二是用好"沪苏"共建园区，将"示范区"升级为"新高地"。在围绕"3+3+3"思路（聚焦"三个上海"，做强"三大产业"，打造"三大园区"）加速发展基础上，推动全面深化改革举措的集中落实、率先突破、系统集成，努力将合作共建园区打造改革开放新高地、产业集聚新高地、创新经济新高地、人居品质新高地。三是承接好溢出资源，做好"转化"大文章。在承接好长三角、珠三角产业溢出、科创溢出和人才溢出资源基础上，推动产业补链、延链、升链、建链，增强产业发展的接续性和竞争力，以"小城成本、大城资源"优势，大力发展先进制造业、生产性服务业，构建先进制造业和现代服务业"双轮驱动"的新格局。

（二）用好空间优势，放大吸金效应

要探索"以地吸金"模式，实现土地能"吸金"、早"产金"、多"产金"，打造"吸金"矩阵。一是用好海域面积，激活海洋经济"蓝色"增长极。以黄海新区建设为"着力点"，将海工装备产业作为向海图强的重要战略"支点"，全面提升海工装备产业集聚发展水平，加快发展海洋生物、海洋可再生能源、海水淡化与综合利用产业，培育出一批模式新、质态优的现代涉海企业，着力构建现代海洋产业体系，让"黄金岸线"产生"黄金效益"。二是用好滩涂面积，激活滩涂"绿色"崛起新动能。利用滩涂"风光"资源禀赋吸引全国新能源产业企业抢滩盐城，推动风电装备产业、光伏装备产业形成全产业链，将"风光"资源打造成"风光"产业，围绕"绿起来""美起来""兴起来""管起来"，整合周边滩涂湿地、风光带沿线，建设"黄海湿地生态银行"，引领生态旅游新风尚，将滩涂风景变"丰"景。三是用好建设用地面积，将土地优势转化为招商优势。打好盘、增、用、活、省"五地"组合拳，建立"土地超市"制度与"项目策划生成＋土地超市＋招商引资"机制，推动"项目库"与"土地库"精准对接，建立直通园区、直通项目、直通企业、直通现场、直通问题的“五个直通”全程服务机制，确保重特大项目用地批、征、供、用、管全程“加速度”。

（三）用好物流优势，放大枢纽效应

要探索以“交通圈”拓展“城市圈”、激活“经济圈”，打造促进双循环的“经济枢纽”。一是用好交通优势，推动“通道经济”向“枢纽经济”转变。以物流枢纽建设为抓手，在“点”上引导物流资源集聚形成规模，在“线”上打造互联互通的跨区域物流通道，在“面”上推动形成多节点枢纽网络，通过构建“通道+枢纽+网络”的现代物流运行体系，破解“过而不驻、流而不聚”难题，推动“通道经济”向“枢纽经济”转变。二是用好口岸优势，畅通对外开放“大动脉”。以服务双循环发展格局为依托，推动盐城航空口岸、港口口岸“双枢纽”建设，优化拓展日韩通道网络布局，促进口岸和综保区、跨境电商综试区协同联动发展，推动口岸开放发展和外贸进出口共融发展，推动海关服务前置，实现把“出海口”搬到“家门口”，形成韩国商品进口中国的集散地和江苏特色商品出口的新通道。三是用好物流集聚优势，培育现代服务业“新业态”。探索发展智慧物流、“互联网+”等现代物流新模式，高铁快运、多式联运、国际货代、供应链管理等新业态，吸引企业总部、职能总部、运营总部等不同类型物流总部形态集聚，打造江苏沿海现代物流中心、商品采购中心、区域分拨中心、加工制造中心和结算中心。

（四）用好能源优势，放大引擎效应

要在能耗上做“减法”、绿能上做“加法”，推进新一轮“四减四增”，调优能源结构、产业结构。一是调优能源供给结构，构建清洁能源供应“高地”。围绕国家能源战略和省沿海产业发展规划，利用中国海油江苏盐城“绿能港”，布局燃气发电、冷能利用、燃气制氢产业，依托风光资源优势和产业基础，加快推进风电全产业链布局和光伏产业集群化发展，探索“风光火气氢”一体化开发，推广“源网荷储”一体化和多能互补基地开发模式，提高能源供给效率，打造全国绿色能源示范基地。二是调优能源消费结构，打造综合能源消费“绿地”。实施能源消费总量和强度“双控制”，加快构建以电为中心，清洁高效、智能互动、开放共享的现代能源消费体系，在清洁取暖、工业生产、交通运输等领域，推进“电能替代＋综合能源服务”，推动建筑用能电气化和低碳化、光伏与建筑一体化发展，适度超前建设电动汽车充电设施，推进氢燃料电池汽车应用示范，深化电能在终端能源的深度覆盖。三是调优产业结构，形成新能源产业聚集“洼地”。依托国家电投、华能、阿特斯、天合光能等龙头企业，实施风光资源系统化、规模化、集中化开发，做大做强风电、光伏两大优势产业，加快布局储能、氢能两大未来产业，培育壮大输变配电、综合能源服务两大配套产业，构建“2+2+2”新能源产业体，形成覆盖资源开发、装备制造、配套运维等全产业链生态体系。

（五）用好环境优势，放大生态效应

要算清“生态账”，吃好“生态饭”，探索“生态美、产业兴、人民富”的可持续发展之路。一是擦亮生态“颜值”，提升文旅“价值”。依托两大国际品牌、五条文旅产业带，打造世界级滨海生态旅游廊道；做好“生态＋”“旅游＋”文章，推动生态旅游特色化、品牌化、差异化发展，构建高品质、多样化的产品支撑体系，拓宽“绿水青山就是金山银山”转化通道。二是挖掘生态资源禀赋，做大湿地康养产业。发挥森林公园、湿地公园、自然保护区“两园一区”优势，推进长三角康养基地、大纵湖疗休养基地、大洋湾康养基地等特色项目建设，培育医药康养、森林康养、健身康养、膳食康养等新业态。稳固本地和周边市场，提升长三角核心市场；拓展环渤海、珠三角等中远程市场及港澳台、日韩境外市场，形成内优外强三级稳固的市场。三是开展生态外交，推动环黄海生态经济圈构建。以全球滨海论坛会议为契机，借梯登高、乘势而上，集聚更多要素资源，拓展湿地“朋友圈”，形成更大格局、更广领域、更多主体的跨国区域经贸合作，以推动环黄海生态经济圈建设，实现生态破题、经济落脚，把国际生态话语权转化为现实竞争力与合作力。

（六）用好人脉优势，放大杠杆效应

要推动盐商回归、智力回城、资金回流，打造城市向上的“最强智囊团”“最硬软实力”“最刚发动机”。一是汇聚乡贤智力，激活科技创新“原动力”。精准对接盐城籍院士专家“智囊团”，联合打造国家实验室等高能级创新载体，开展联合技术攻关，形成一批“压箱底”的技术，共同解决“卡脖子”难题，推动一批前瞻性产业创新项目落地，培养一批本土科技人才，变人才“输血”为“造血”。二是汇聚乡贤财力，打造项目落地“助推器”。精准分析乡贤资源，发挥好乡贤中行业知名人士和领军人物的优势，打通乡贤资源与产业发展的对接通道，更好地将乡贤力量汇聚到双招双引，深入实施“乡贤归巢反哺工程”和“乡贤回引带富工程”，鼓励乡贤回归家乡投资兴业，发展“归雁经济”，实现资本回流。三是汇聚乡贤传播力，拓展招商引资“新渠道”。利用乡贤路子多、信息灵、人脉广的优势，宣传家乡、推介家乡、投资家乡，当好家乡发展的“招商员”“助力员”“宣传员”，依靠外埠商会的平台作用，积极挖掘商会招商引资中的桥梁和纽带作用，鼓励商会会员加强对外宣传，吸引外地企业等落户盐城。

（七）做优营商环境，放大磁吸效应

要进一步推进政策、市场、政务、法治、人文“五个环境”建设，加快制度创新、流程再造、服务提质。一是做优政策、市场环境，激发市场主体创新创业活力。围绕关键产业和重点领域，推动政策靶向供给，提升产业链供应链竞争力，重塑制造业新优势；统筹优化劳动、资本、土地、知识、技术、管理、数据等要素配置，激发市场主体创新创业活力。二是做优政务、法治环境，打通便民利企护企“高速通道”。加快推进“放管服”改革，降低市场主体制度性交易成本，培育和壮大市场主体；全面抓好立法、司法、执法、守法各方面工作，用法治为各类市场主体保驾护航，让法治成为盐城营商环境建设的最好品牌和核心竞争力。三是做优人文环境，营造“亲商清商”市场氛围。积极构建“亲”“清”新型政商关系，建立制度化、常态化政企沟通渠道，引导全社会充分信任、依靠和尊重企业家，充分激发企业内生动力和企业家积极性、能动性，让越来越多的人才、企业、资本向往盐城、选择盐城、扎根盐城。

实践篇

第三章　盐城新能源产业

随着全球能源供应紧张、气候变暖等问题日益突出，在碳达峰和碳中和的大背景下，新能源作为先导性产业，迎来了爆发式增长。盐城依托丰富的“风光”资源，勇当“碳路先锋”，大力发展以太阳能、风能等为主的新能源产业。截至 2022 年底，盐城海上风电装机容量占全国 20%、全球 10%，新能源产业突破 1 500 亿元关口，为盐城打造绿色能源之城注入强劲动能。

第一节　国内外新能源产业发展动态与趋势

世界能源转型已由起步蓄力期转向全面加速期，推动全球能源和工业体系加快演变重构。我国能源结构形成了多轮驱动的供应体系，核电和可再生能源发展处于世界前列，但发展不平衡不充分问题仍然突出，供应链安全和产业链现代化水平有待提升。截至 2022 年底，我国可再生能源使用量约占全国发电总装机的 47.3%。其中主要新能源累计并网装机占比分别为：光伏 15.3%、风电 14.3%、核电 2.2%、生物质电 1.6%，在保障能源供应方面发挥着愈发重要的作用。

一、国内外新能源产业发展动态

（一）全球新能源产业发展动态

1. 光伏产业

2022 年全球光伏新增装机量高达 250 GW，全球累计装机达到 1 TW 大关，各区域市场总体呈现逐年增长的趋势而尚未出现疲态。在 2030 年将达到单年

1 TW 左右的新增装机量，光伏累计安装量达到 6 TW 的水平，如图 3-1 所示。

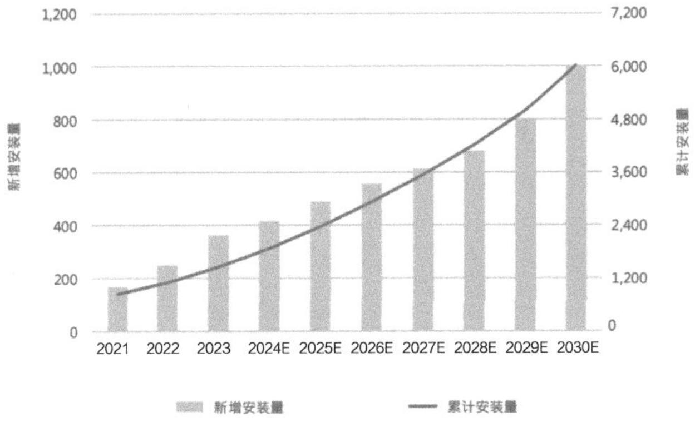

图 3-1　全球光伏安装量（单位：GW）

2. 风力发电

全球风电近十年来快速成长，预计陆域风电与海上风电加总的需求将从 2021 年 834 GW 成长至 2030 年 1 839 GW，年复合成长率（Compound Annual Growth Rate，CAGR）约为 9.18%。2021 年风力新增安装量为 89.60 GW，2022 年全球新增的安装量为 91.36 GW。虽然中国 2021 年海上风电抢装潮后，2022 年安装量大幅下滑，但是欧盟及英国与中国陆域新增安装量均成长 4～5 GW 抵销中国海上风电下滑的部分，如图 3-2 所示。

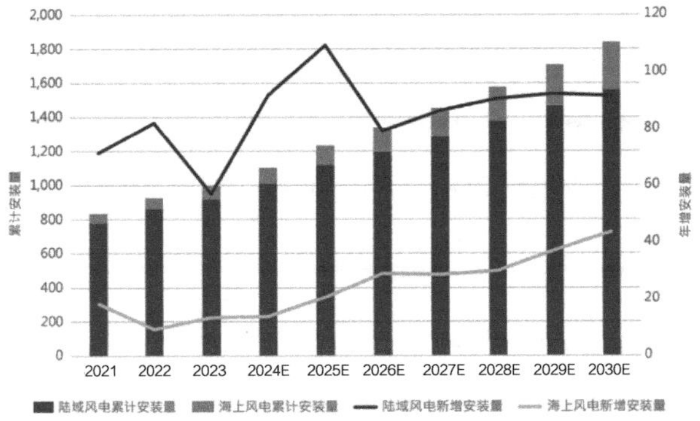

图 3-2　2021—2030 年全球风力装置容量（单位：GW）

3. 氢能

根据高盛 2022 年 2 月公布的报告，全球氢能市场的总规模约为 1 250 亿美元，到 2030 年将在此基础上翻一番，到 2050 年将达到万亿美元市场规模。随着可再生能源制氢技术的突破和成本的降低，氢能在全球能源市场中的占比也将进一步提升。国际能源机构针对 2050 年氢能在全球能源总需求中的占比进行了预测，其中最乐观的为氢能委员会和彭博新能源财经，预测到 2050 年氢能在总能源中的占比将达 22%，其余几家机构的预测值在 12% ～ 18% 之间不等，如图 3-3 所示。基于以上预测，氢能在全球能源中将实现质的飞跃。

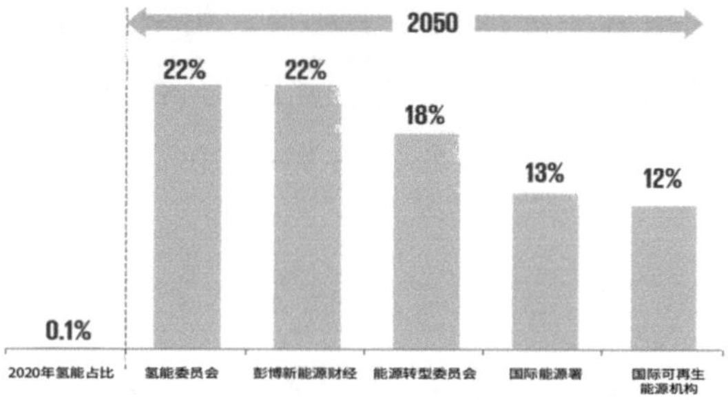

图 3-3　国际能源机构针对 2050 年氢能在全球能源总需求中的占比预测

4. 储能

2022 年全球新增的电化学储能容量 44 GWh，其中，中、美、欧三者总建置量约占全球 85%。2021 年全球储能累积装置容量为 56.7 GWh，预估至 2030 年可突破 1 900 GWh，十年有望增长 32.5 倍。中国 2022 年单年建置量以 15.8 GWh 首次超过美国的 12.18 GWh，预估 2023 年之后将成为全球储能安装量最多的国家。中国表前储能市场占九成、美国占七成五、欧洲占五成，预估 2030 年累积规模分别为 437 GW/855 GWh、175 GW/508 GWh 及 65 GW/245 GWh，如图 3-4 所示。

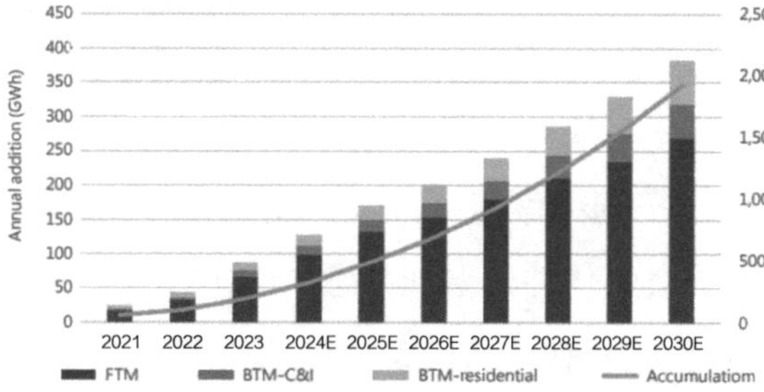

图 3-4　全球电化学储能市场规模

（二）中国新能源产业发展动态

1. 能源需求持续增长，化石能源占比缩减

从2018—2022年国内能源消费量来看，其走势一路上升，且一定程度上受经济发展状况影响，在2020年、2022年新冠疫情严重时增速出现了明显下降（图3-5）。2018年以来，我国能源消费结构主要呈现两个特点：一是石化能源（煤炭＋石油）占比整体下降，从2018年的59%+18.9%缩减至2022年的56.2%+17.9%，但其主导地位并未动摇，仍是目前最主要的能源供应；二是其他能源（新能源＋水电）占比持续上升，由2018年的14.5%增长至2022年的17.5%，预计将在2025年左右突破20%，并逐步在更多应用领域替代化石能源。

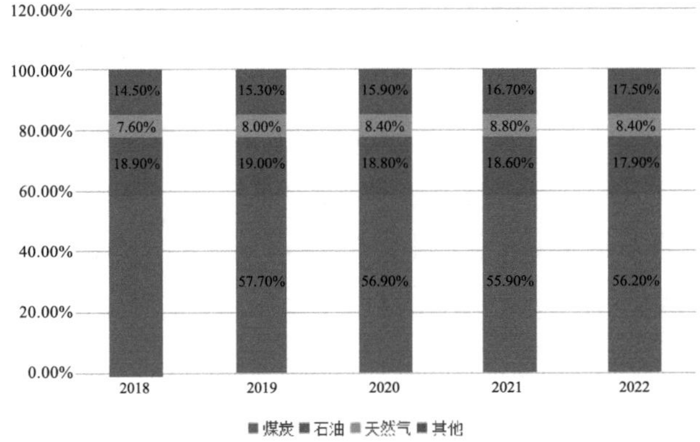

图3-5　2018—2022年中国能源消费结构

2. 光伏容量涨势喜人，分布式装机跃居主流

如图3-6所示，2018—2022年，我国新增光伏并网装机容量基本保持在较高水平，除2019年较低外，其余年份皆超过40 GW；2022年新增装机容量更是高达87.41 GW，累计容量达392.6 GW，新增和累计装机容量皆居全球第一。同期全国光伏发电量为4 276亿kWh，同比增长30.8%，在我国能源供应系统中的重要性进一步提高，同时也反映出国内能源转型的加速推进。2018—2020年，我国新增光伏并网装机容量构成中，集中式光伏皆大于分布式光伏。特别是2020年，集中式光伏新增装机容量32.68 GW，分布式光伏新增15.52 GW，二者间差距超过一倍。2021—2022年，分布式光伏实现了

新增装机容量的快速反超，2021 年以 29.28 GW 首次高于集中式（25.6 GW），2022 年进一步扩张，新增 51.11 GW，远高于集中式新增的 36.3 GW，占当年我国新增光伏并网装机容量的 58.5%。以上变化表明光伏能源正被更多家庭、企业用户所认可，分布式装机的节约空间、即产即用、免去储能及输送成本等优点也将带动其装机量稳定增长。

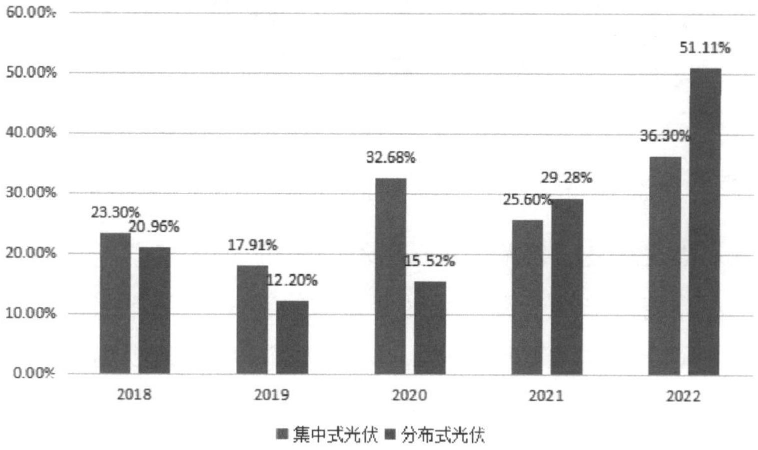

图 3-6　2018—2022 年中国新增光伏并网装机容量及其构成

3. 风电新增装机趋缓，风能利用效率提升

如图 3-7 所示，2018—2022 年，我国新增风电装机容量呈现先升后降的“倒 V”走势。其中，2020 年新装机量最大，达 71.67 GW，远超 2019 年的 25.74 GW，同比增长超 178%，这主要是由于 2021 年国家取消政策补贴导致 2020 年成为抢装陆上风电大年；而在经历 2020 年的高增长之后，2021 年、2022 年国内风电新增装机量持续回落，分别为 47.57 GW、37.63 GW，在无新扶持政策出台的情况下，2023 年风电新增装机量保持小幅下降。从近年来我国新增风电装机容量的构成来看，陆上风电始终是主要组成部分；海上风电的新增装机量除 2021 年有较大提升外，其余年份皆保持缓慢、稳定的增长，整体从新增 1.66 GW 提升至 5.16 GW。主要原因是海上风电的建设周期长、成本高，且维护环境复杂，目前技术手段尚不能有效解决该类限制，但未来在陆上风电建设规模饱和后，海上风电的巨大增长潜力有望被进一步挖掘。

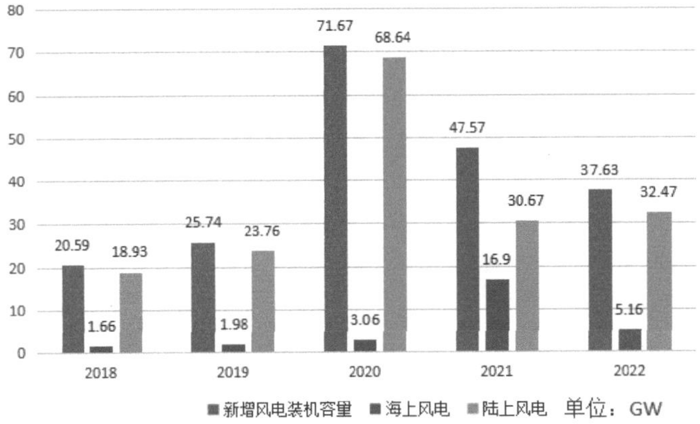

图 3-7　2018—2022 年中国新增风电装机容量及其构成

4. 储能规模迎爆发，锂离子电池独大

储能装机本身不产生能源，而是储存其他新能源所产生的富余输出，以调节时间、空间上的能源配比不均。在光伏、风电等新能源产业的快速发展及提高能源利用率的要求下，储能产业迅速发展，并在 2022 年实现了累计装机规模同比增长 128.2% 的爆发。2022 年累计装机量达 13 076.8 MW，比 2018 年的 1 072.7 MW 增长近 12 倍，既强势带动新能源产业整体规模扩张，更为其他新能源产业持续发展提供更为优质的配套储能设施，如图 3-8 所示。在 2022 年我国电力新型储能市场的装机分布中，锂离子电池以 94% 占据绝对的市场优势，鉴于目前其在生产技术、材料、储能效率等多方面的优势，未来数年内储能产品一家独大的格局基本不会改变。而铅蓄电池、压缩空气储能、液流电池等或多或少皆存在明显缺陷，难以广泛使用。加强技术工艺改进、开发新储能方式，或将有助于储能市场的多元化

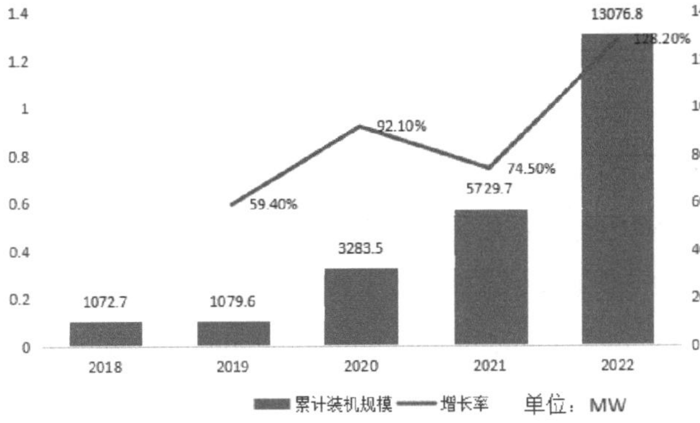

图 3-8　2018—2022 年中国新型储能市场累计装机规模及增长率

健康发展。

二、国内外新能源产业发展总体趋势

（一）总体趋势

1. 可再生能源的优势日益凸显

近年来，可再生能源（包括太阳能、风能、水能等）作为清洁能源的代表，已经成为全球新能源市场的重要组成部分。随着设备价格的不断下降和技术的不断提高，可再生能源正在逐渐取代化石能源，成为全球能源转型的主要选择之一。根据最新研究数据显示，未来几十年，可再生能源将占全球新能源市场的绝大部分。

2. 新技术推动新能源开发

新技术的不断出现也成为新能源市场发展势头的重要驱动力。例如，生物燃料技术和水力发电技术的进步，不仅降低了新能源的生产成本，还提高了能源的效率和可靠性。此外，智能电网、电动车等技术创新，也为新能源产业链的发展带来了更广阔的空间。

3. 政策支持提供发展保障

政策的支持对新能源市场的发展同样具有重要作用。各国政府近年来纷纷出台了相关政策，通过投资和财政补贴等方式，鼓励企业和机构积极开发新能源技术。特别是在中国，政府的强力支持将新能源产业推向了高速发展的轨道。

（二）中国新能源产业发展趋势

1. 新能源光伏、风电：成熟市场、稳步增长

随着新能源的发展，光伏和风电已经逐步成为新能源相对成熟的子领域。2023 年，以光伏、风电为代表的新能源装机进一步增长，在整体发电市场中占据越来越重要的位置。一是新能装机大规模增长，2023 年前三季度，全国可再生能源新增装机 1.72 亿 kW，同比增长 93%，占全部新增装机的 76% 以上。其中，水电新增装机 788 万 kW，风电新增装机 3 348 万 kW，光伏发电新增装机 12 894 万 kW，生物质发电新增装机 207 万 kW。二是可再生能源

发电量持续增长，2023 年前三季度，全国可再生能源发电量达到 2.07 万亿 kWh，约占全部发电量的 31.3%；其中，风电光伏发电量达 1.07 万亿 kWh，同比增长 22.3%。

2. 氢能：万亿级赛道，破局在即

氢能是新能源大赛道，未来将成为最大的新型能源载体。2023 年，氢能产业链各环节都取得了大进展，走出实验阶段、商业化步伐加快。一是电解水制绿氢产业突破，上游电解水制绿氢规模翻倍增长，中游氢能新基建已开始，液氢、气氢管道蓄力发展。2022 年国内电解水制氢设备出货量达到 722 MW，2023 年出货量有望达到 1.6 GW。全球前 20 家电解槽生产商中，8 家企业来自中国，如中船派瑞、隆基氢能、考克利尔竞立等。二是液氢、气氢管道运输大发展。2023 年液氢已初入民用，如国富氢能的民用液氢储存容器开工出厂，液态储氢装备在国内市场蓄势待发。三是绿氢应用场景增多，氢燃料电池蓄势待发。2022 年，我国氢能重卡全年销量 3 500 辆，同比增长 349%。燃料电池装机量方面，2022 年燃料电池系统累计装机量 506.9 MW，同比增长 191.7%，较 2021 年翻了一番。

3. 储能：从多点试用到全面爆发

储能行业，尤其是电化学储能，正从多点试用到全面爆发，有望成为新的万亿级赛道。2023 年储能行业面临着两大修复性改善：第一是供应端，碳酸锂价格从高位修复下行，电池企业以及储能集成企业的成本进一步下降，有利于储能渗透率进一步提升。第二是相关的功率半导体模块短缺情况有所缓解。抽水蓄能、以锂电池为代表的新型储能是现阶段市场的主流，未来，全方位储能建设，看好多元化新型技术路线补充。根据 CNESA 全球储能数据库，2022 年抽水蓄能约占 77.1%，新型储能约占 21.9%。在当前的新型储能中，锂电池储能占比 94%，其余的铅酸电池、液流电池储能、钠离子储能等方式的占比仍然较低。

第二节　盐城新能源产业发展现状

盐城作为全国首批新能源示范城市、国家海上风电产业区域集聚发展试点、长三角地区首个“千万千瓦新能源发电城市”，自觉扛起服务“双碳”战略的时代使命，认真落实“四个革命、一个合作”能源安全新战略，以绿色低碳发展示范区建设为总抓手，坚定不移推进全产业链布局和集群化发展，持续发力“风、光、储、氢”，打造长三角规模最大的综合能源基地，奋力谱写中国式现代化盐城新篇章。

一、发展优势[①]

（一）绿色能源资源禀赋优越

风能资源丰富。盐城拥有江苏省最长海岸线、最大海域面积，沿海风能资源丰富，有效风能时数多，近海风功率密度大，100 m 高度年平均风速超过 7.6 m/s，远海接近 8 m/s，是全球最具开发价值的海上风场之一。

太阳能资源充足。盐城属于江苏省内太阳能资源丰富地区，年太阳辐射总量为 1 400 ～ 1 600 kWh/m^2，年光照时间平均在 2 280 h 左右，年发电利用小时数 1 200 h 左右[②]，适宜光伏发电项目开发的空间资源较充足。

生物质资源优质。盐城是江苏最大的农副产品生产基地，是国家重点粮食产区之一、国家商品粮生产基地之一。全市农作物总播种面积达到 2 084 万亩，主要农作物秸秆总量达到 700 万吨 / 年，生物质能源化开发利用潜力较大。

（二）区域要素集聚优势凸显

区位交通优势突出。盐城地处长江三角洲与淮海经济区的接合部，是“一带一路”与长江经济带连接点，长三角北翼重要的战略支点和江苏沿海开发战略的核心区域。高铁从“区域零里程”发展为“县县全覆盖”，成为国家沿海和京沪高铁大通道的交汇点。高速公路“三纵一横”主骨架构建成型，

① 盐城市“十四五”新能源产业发展规划 [EB/OL].http://fgw.yancheng.gov.cn.

② 盐城“海上新能源第一城” 拥抱世界走向蔚蓝！ [N]. 解放日报，2023-11-15（08）.

实现“县县通高速”。拥有4个海港、1个空港等5个一类开放口岸，建湖、阜宁水运口岸等2个二类开放口岸，开放口岸数量位于全省前列。

关键资源要素汇聚。盐城作为苏北唯一被纳入长三角中心区的城市，人流、物流、资金流、技术流、信息流在盐城集聚与辐射，有力推动新能源产业发展。盐城是长三角区域后备土地资源最为丰富的城市，腹地空间广阔，具有将“空间大”的资源禀赋变成“发展强”的现实优势，为新能源产业聚集高端要素、参与市场竞争提供坚强保障。

电网基础坚强可靠。盐城电网位于江苏电网中东部，是江苏电网北电南送的重要通道，是江苏电网六纵六横主网架的重要组成部分。目前，500 KV电网形成以盐都变、潘荡变、双草变、丰汇变、滨响变为支撑，贯穿南北的主干网架；220 kV电网形成以盐城电厂、射阳港电厂和区域联络线为主力电源的环形网架。盐城地区已初步建成满足大规模可再生能源接入的主网网架结构。

（三）产业发展基础动能强劲

盐城是长三角北翼生态城市、江苏沿海中心枢纽城市和长三角城市群重要城市。2022年，盐城地区生产总值突破7 000亿元，GDP在全国城市中排名第31位。一批百亿级重大产业项目成功落户，产业集聚能力进一步加强。成功纳入长三角区域一体化、淮河生态经济带等多项国家战略规划，高水平创成全国文明城市，区域影响力和竞争力不断增强。成功获批国家创新型城市，成为苏北首个高企数量超千家的设区市。集聚金风科技、远景等风电行业龙头企业，落户了润阳、天合光能等一批光伏行业龙头企业，新能源产业优势突出。

（四）多重战略机遇叠加

盐城作为全国首批新能源示范城市、国家海上风电产业区域集聚发展试点城市，积极抢抓长三角区域一体化和江苏沿海发展等战略叠加的机遇，依托资源多、空间大、后劲足的优势，不断接轨大上海、融入长三角、服务双循环，为新能源产业跑出“盐城速度”提供有效支撑。此外，随着“长江大保护”的深入推进，盐城正成为沿江向沿海产业转移的主阵地，成为长三角最富潜力的增长空间。《盐城市国民经济和社会发展第十四个五年规划和二〇三五年远景目标纲要》中明确提出，打造形成千亿级新能源产业集群。

二、发展现状

（一）产业规模跨越增长

新能源装机全国前列。截至 2022 年底，盐城新能源发电装机容量已达 1 252.9 万 kW，占全省新能源发电装机容量的 24.6%。其中，风电 946.6 万 kW，占全省风电装机的 42.0%；光伏发电 273.0 万 kW，占全省光伏发电装机的 10.9%；生物质发电 31.0 万 kW，占全省生物质发电装机的 10.4%；储能发电 2.3 万 kW，占全省储能发电装机的 7.6%。

产业开票销售持续增长。截至 2022 年底，盐城市共有新能源企业 157 家，其中晶硅光伏产业链企业 69 家，包括光伏装备企业 44 家、光伏发电企业 25 家。2022 年，盐城市 157 家新能源规模以上企业实现开票销售 1 501 亿元，其中光伏产业链实现开票销售 1 149 亿元，同比增长 142%，光伏产值江苏全省第一。

（二）产业集群逐步形成

产业载体不断加强。发展壮大了一批新能源产业园区，园区配套基础设施不断完善，产业承载能力不断增强，形成了以“盐城经济技术开发区光电产业园、大丰风电产业园、阜宁风电装备产业园、射阳新能源及其装备产业园、东台风电产业园”五大新能源产业园区为载体的集聚集群发展格局[①]。

产业链条不断完善。基本形成了涵盖研发设计、装备制造、资源开发和运维服务的全产业链条。风电方面，拥有金风科技、上海电气等整机企业，西安国水等电机企业，中材科技、迪皮埃、双瑞风电等叶片制造企业，长风、神山、泰胜等塔筒、导管架及内置件制造企业；光伏方面，拥有阜宁协鑫光伏等硅片企业，天合国能、阿特斯、润阳悦达、协鑫集成、悦阳、苏美达等光伏电池片和组件企业，博阳智能、宁夏小牛、易事特、硕钻电子、硕禾电

---

① 闫晶，张瀚舟 . 碳达峰碳中和先行城市的经验、挑战和启示 [J]. 上海节能，2021（8）：778-782.

子、九天、华盛电气等其他光伏零部件企业。

（三）科创水平持续提升

平台建设不断加快。全市涌现出一批新型研发机构、重大创新载体和检验检测、教育培训等公共服务平台。建成金风科技大型直驱永磁海上风电机组检测技术国家地方联合工程实验室、中材科技江苏省风电叶片工程技术研究中心、华能海上风电技术研发中心等十多个国家级、省级科技创新和技术服务平台。

科研成效不断突破。金风科技等风电企业先后承担了30余项国家、省部级重大科研项目，取得400余项发明专利和实用新型专利，参与数十项国家和行业标准制定工作；京冶轴承参与完成的“光纤输出高功率全固态激光器关键技术及应用”项目荣获国家技术发明奖二等奖，是目前轴承行业获得的国内最高奖项；中材叶片是全国规格最大的叶片生产企业；京冶轴承激光淬火技术、金海新能源新型反向平衡法兰制造全国领先。阿特斯、协鑫、天合国能、润阳悦达等光伏企业取得了300余项发明专利和实用新型专利，并积极参与行业标准化建设。

创新示范卓有成效。先后建成全球单体规模最大滩涂风光电产业基地、国内首个中外合资海上风电项目、省内首个CIGS-BIPV项目等十大产业创新示范工程。建设全省唯一一家清洁能源高比例能源互联网试点示范城市，全国首个“清洁能源高比例消纳”综合示范典型项目——盐城高比例新能源电力系统示范工程成功落地大丰。氢能应用实现突破，首座加氢站——盐都创咏加氢站建成投运，首条氢能公交示范线路正式开通，首批氢燃料电池公交车投放运营。

（四）产业配套不断完善

电网网架更趋坚强。“十三五”期间，盐城累计完成电网基建项目142个，电网建设投资138.89亿元，投资规模位居全省第二，全市供电能力和供电可靠性显著提高，新能源消纳能力不断提升。截至2023年，初步形成以8座500 kV变电站、36条500 kV线路为主体的沿海大规模电源送出骨干网架，500 kV输电线路规模位居全省第一，构建了坚强智能的区域主干电网。

港口发展成效显著。围绕“区域枢纽港”和“特色产业港”的发展定位，形成了以大丰港区、射阳港区为核心的新能源港口群。大丰港区，成为中国风电叶片出口三大基本港之一，创造了单船装载风电设备最高纪录和单船装载叶片最多纪录。射阳港区累计完成货物吞吐量226.6万吨，风电设备装卸33套。滨海港区连接南北、贯通东西，正在加快一体化综合能源产业基地建设，并通过国家一类开放口岸验收。响水港区获批国家一类开放口岸。

配套政策逐步健全。制定优化政策措施，持续推进盐城新能源产业健康有序发展。陆续出台了《盐城市人民政府关于加快分布式光伏发电应用促进产业健康发展的实施意见》（盐政发〔2016〕23号）、《盐城市市级战略性新兴产业专项资金管理办法》（盐财规〔2018〕4号）、《盐城市新能源产业发展体系规划》（盐发改〔2018〕242号）、《盐城市分布式光伏应用促进产业健康发展示范项目认定办法》（盐发改〔2020〕169号）等一系列支持新能源产业发展的相关政策及规划。

发展环境持续优化。加强对清洁能源产业宏观引导，规范开发秩序，为新能源项目健康发展营造公平、透明、稳定、可预期的营商环境，发展基础进一步夯实。对新能源及其送出线路项目立项、用地用林、环评水保等行政审批事项开辟绿色通道，简化审批流程，提高审批效率，帮助企业降低制度性交易成本。不断完善配套设施，着力解决困扰项目建设的土地供给、施工保障、电力外送、通信服务、生活环境等方面难题，提高服务供给。增强园区的集聚效应，积极招揽新能源企业和相关配套企业入驻园区，营造宽松政策氛围，形成人才多层次、产业多业态的新能源产业区。

（五）合作交流加速推进

搭建高端交流平台。2018—2022年连续五年成功举办中国新能源高峰论坛，搭建与海内外新能源领军企业、行业领袖和高端智库的合作交流平台。设立长三角新能源产业专业委员会，推进并加强长三角城市间新能源产业交流合作，拓展合作领域、完善合作机制、提升合作水平。

不断深化国际合作。国家能源集团与法国电力集团（EDF）合资建设的国华东台50万kW海上风电项目在盐城落地，开创了中外海上风电投资合作的先河。金风科技与 UL 认证机构合作开展了多项机组测试工作，互相认可双方为合作实验室，获得 Intertek“卫星计划”实验室资质，并在技术支持、测试、认证等方面开展紧密合作。

建立政产学研合作机制。加强校地、校企合作，盐城工学院牵头成立新能源学院和新能源产业技术研究院。盐城工学院大丰新能源产业学院于 2020 年 9 月正式揭牌开班，聚焦风电产业重点领域、关键环节和核心技术开展科技攻关，组织海上风电领域相关专业技术资质培训，为风电产业发展培养高端专业技术人才。

三、发展困境

（一）产业集聚效应尚不突出

盐城构建“2+2+2”新能源产业体系，做大做强风电、光伏两大优势产业，加快布局储能、氢能两大未来产业，培育壮大输变配电、综合能源服务两大配套产业。但是光伏、海上风电应用规模有待提升，氢能、地热能等新兴领域尚在培育初期。

（二）自主创新能力仍需加强

装备制造整体发展水平有待提升，自主研发和技术创新能力相对薄弱，风机主轴轴承等关键零部件仍依赖进口。在能源细分产业的多个环节仍存在“卡脖子”技术问题。电力基础设施、智能电网、新能源核心技术研发等重点领域仍存在薄弱环节，在氢能产业链关键技术和装备等方面需要加强技术攻关，解决技术短板问题。

（三）产业融合程度仍需深化

随着全球科技与工业的飞速发展，新能源与信息技术的融合成为未来能源的必然趋势，盐城新能源与先进信息技术融合发展水平不深，亟须提升。“光伏 + 建筑”“光伏 + 农业”“光伏 + 水利”应用场多能互补应用场景仍需拓展。

（四）对外合作能力亟待加强

优势领域“走出去”、薄弱环节“引进来”的步伐仍需加快。要深化推进国际新能源技术创新合作，鼓励新能源领域国际技术创新交流。积极支持民营企业“走出去”，鼓励支持新能源企业加大研发力度，推动技术进步、成本降低，持续推进新能源项目建设，为新能源企业“走出去”提供政策风向标，为拓展海外市场创造条件。

第三节 盐城新能源产业发展路径

盐城要进一步提高站位认识，充分利用资源禀赋、区位要素、产业基础等优势，做大做强风电、光伏两大优势产业，稳步发展生物质能产业，加快布局储能、氢能两大未来产业，培育壮大输变配电、综合能源服务两大配套产业，积极推进创新应用示范，加速完善基础设施、科创服务两大体系，聚力推动新能源产业高质量发展。

一、发展形势

从国际来看，全球能源转型进程明显加快，加快开发利用可再生能源已成为世界各国的普遍共识和一致行动，全球新增发电装机中可再生能源占比大幅提升。截至 2022 年底，全球可再生能源累计装机已达到 33.72 亿 kW，全球已有近 200 个国家和地区提出了可再生能源发展目标。绿色低碳成为能源技术创新主攻方向，可再生能源领域科技创新高度活跃，光伏、风电等迈入产业成熟期，大规模电化学储能、氢燃料电池等技术步入市场先导期，推动可再生能源建设成本持续下降和发展业态融合重塑，部分地区可再生能源中标电价屡创新低，经济性显著提升，推动全球能源转型步入快车道。

从国内来看，“双碳”目标对我国可再生能源发展提出了新任务和新要求，发展可再生能源已成为实现我国庄严承诺的必然要求，也是负责任大国的主动作为。截至 2022 年底，我国可再生能源装机达到 12.13 亿 kW，占全国发电总装机的 47.3%，水电、风电、光伏发电累计装机容量均居世界首位，正着力构建以新能源为主的新型电力系统，推动可再生能源跃升发展。

从全省来看，可再生能源发展进入加速提升期，江苏能源资源禀赋少，环境承载能力弱，能源消费基数高，面临着非常严峻的挑战[①]，能源低碳化、绿色化是今后较长一段时期内实现“双碳”目标的主攻方向，同时，国家消纳责任权重考核要求江苏进一步加快可再生能源规模化发展，努力提高可再生能源生产和消费比重。产业端与应用端协调并进，随着江苏经济发展进入创新引领加速、质量全面提升的新阶段，风能、太阳能等可再生能源产业成为江苏经济发展的重要增长点，江苏逐步形成可再生能源利用大省和可再生能源产业强省协调并进的发展态势，推动美丽江苏独特魅力在绿色发展中全面提升。

从全市来看，盐城作为国家海上风电产业区域集聚发展首批试点城市和全国首批新能源示范城市，持续挖掘资源禀赋，系统谋划资源开发利用，先后研究出台《盐城市新能源产业发展体系规划》《新能源产业发展三年行动计划》等政策文件，引导资源科学有序开发利用。截至2022年底，盐城新能源发电装机容量已达1 252.9万kW，同比增长4.1%，占全省新能源发电装机容量的24.6%。随着四个“绿色之城”、建设“绿色低碳发展示范区”的提出，对盐城新能源发展提出更高要求。

二、发展经验借鉴

（一）常州新能源产业发展经验

2022年，常州新能源领域产值突破5 000亿元，对常州市规模以上工业产值增长贡献率达102.2%。常州的新能源产业不是一个企业，而是一个赛道，在全国具有领先地位，已经形成了“发储送用”新能源产业闭环。其中新能源发电（太阳能光伏、风能、氢能）、新能源存储（动力、储能电池）、新能源输送（输配电装备）以及新能源利用（充电、新能源汽车、能源互联网）领域，占据产业制造高点。

1. 厚实的产业基础

常州拥有同类城市中最完备的产业体系，国家工业41个大类中常州有37

① 蔡斌，曹炜，王海华．江苏省高比例可再生能源发展路径分析[J]. 中国电力企业管理，2020（19）：52-56.

个，207 个中类中有 191 个，666 个小类中有 600 个，动力电池产业链完整度达 97%，拥有 80 多万家市场主体、6 万多家工业企业、近 6 000 家规模以上工业企业、近 3 700 家高新技术企业、200 多家隐形冠军企业和 89 家上市企业。新能源产业的 600 多个小分类常州就占了 500 个。常州拥有动力和储能电池生产及配套企业 80 余家，其中规模以上工业企业 35 家，涵盖上中下游 30 个关键环节，产业链完整度达 94%，居全国首位。

2. 有力的政策支持

常州先后出台《关于加快新能源之都建设的实施意见》和《推进新能源之都建设政策措施》，用真金白银、真心实意的政策支持撬动市场力量。《关于加快新能源之都建设的实施意见》明确，力争到 2025 年，新能源产业规模、资本市场市值“两个超万亿元”，形成 1 个 5 000 亿元以上、2 个 1 000 亿元以上。《推进新能源之都建设政策措施》，围绕产业发展、技术创新、推广应用、生态营造 4 个方面，聚焦新能源之都建设亟待突破的重点领域和关键环节，制定出十条重磅政策。

3. 完善的平台载体

常州推动重点平台建设，以创新平台的高能级跃升将带动产业的高水平发展。一是企业创新发展哪里被卡，哪里就是科技攻关的“靶点”。常州市积极引导产业龙头企业牵头组建创新联合体，联合国内外高校院所、产业链上下游科技型企业，协同研发；深化“揭榜挂帅”产学研合作机制，在全球范围诚邀具有研发实力的高校、科研机构、科技型企业、创新联合体等进行揭榜。二是推进突破型、引领型平台建设，用常州创新平台的高能级跃升带动产业的高水平发展。推动智能制造龙城实验室建设，启动与新能源领域关联度高的第三代半导体晶圆先进加工装备、功率器件制造装备等的研发攻关；推进光伏科学与技术国家重点实验室重组，围绕晶硅高效电池开展战略性技术研究，努力实现重大原始创新、支撑关键核心技术突破。

4. 坚实的人才支撑

常州面向广大本硕博毕业生与在常高校大专毕业生，实施“青春留常”工程为新能源产业“高精尖缺”人才量身打造支持政策。一是注重“市场化”

机制，以大力度引进高端人才。常州为新能源产业发展急需的“高精尖缺”人才量身打造特殊支持政策，“一事一议”集聚顶尖人才，拿出最高1亿元支持激励人才，鼓励“从0到1”原始创新，“拨投联动”扶持优秀项目。二是注重“基础性”保障，以更优生态集聚青年人才。常州大力实施“青春留常”工程，将人才资助由本硕博毕业生向在常高校大专毕业生拓展，建成10万套人才公寓，入住人才公寓3年“免费”、青年驿站3个月免租，让广大青年人才“来时一个包、安下一个家、共建一座‘新能源之都’”。

（二）潍坊昌邑市新能源产业发展经验①

昌邑市紧抓新能源产业跃升窗口期，持续推进绿色新能源产业发展，形成了“海上＋陆地”协同发展的新能源产业布局，实现风电、光伏、生物质等新能源全业态新发展。

1. 创新多元发展模式，构建新能源全业态开发格局

一是探索风能融合化开发新路径。一体推进海陆风电场建设，创造全球最大吨位全地面起重机吊装风机、运行8.5 MW国内单机容量最大陆上风机、建成全省首个一次性全容量并网平价海上风电项目等，打造海陆风电县级“双百万千瓦级”标杆。依托投资36亿元的昌邑海洋牧场与三峡300 MW海上风电项目，开展海上风电与海洋牧场试验示范，探索海上“风电、光伏、牧场”融合发展新路径。二是创新光能集约化利用新模式。探索“光伏+”应用模式，创新渔光互补发电模式，建成占地3 000亩的100 MW渔光互补示范项目，率先构建“水上光伏、水下养殖”新能源经济系统，年发电1.4亿度、养殖鱼虾海参80吨。三是开辟生物质资源化处置新格局。采用PPP模式建设生活垃圾焚烧发电项目，将生活垃圾、市政污泥等进行无须分拣的全量燃烧，产生热量用于清洁发电。目前，日处理生物质600吨、发电11万度，减容量95%以上，分解时间由7～30年缩短至2小时，实现废弃生物质循环利用。

① 昌邑投资合作促进中心．昌邑市探索新能源产业发展新路径[EB/OL].https://mp.pdnews.cn.

2. 创新要素保障措施，夯实新能源高质量发展基础

一是突出政策引领。制定《昌邑市新能源专项发展规划》，明确新能源发展路线图。加强政策集成，构建产业发展、项目引进等全方位政策体系，招引中国华电、中国华能、三峡新能源、国华能源等“国字号”“央字头”新能源企业在昌邑落户项目。二是加强基础保障。高标准配套电网工程，形成4座220 kV变电站为骨干、18座110 kV和14座35 kV变电站为支撑的电网结构。加快“新能源＋储能”建设，引进大型储能电站2个，提升新能源消纳空间和稳定度。强化用地保障，储备可开发利用新能源项目土地面积5万亩。三是开辟绿色通道。建立“领导包靠、专班跟进、联席会议、一线攻坚、定期调度、督查通报”6项机制，为新能源产业发展、项目建设提供“磁铁式”服务；围绕推动昌邑海洋牧场与三峡300 MV海上风电项目建设提速增效，建立“领导小组＋工作专班＋服务专员”推进体系，跑出了当年开工、当年并网的海上风电建设“昌邑速度”。

三、发展路径

（一）进一步提高站位认识，落实好新能源产业发展政策

盐城作为全国首批新能源示范城市、国家海上风电产业区域集聚发展试点、长三角地区首个“千万千瓦新能源发电城市”，各级政府及其相关部门要充分认识发展新能源产业的现实价值和战略意义，抢抓机遇，迎难而上。坚持把新能源产业作为盐城产业培育新增长点、增强产业竞争力的战略选择，认真研究国家和江苏省新能源产业发展政策，按照《江苏省“十四五”能源发展规划》部署，不断破解发展难题，增强发展动力，厚植发展优势，持续推动新能源产业快速发展，全力打造国家清洁能源产业高地。围绕源网荷储一体化和多能互补，优化整合电源侧、电网侧、负荷侧和各类储能资源，加快培育壮大新能源产业，打造全国重要的新能源产业基地。

（二）加强区域电网建设，提升电力汇集外送能力

输电领域，依托中天科技、亨通海缆等龙头企业，积极招引国电南瑞、东方电缆等行业龙头企业，重点发展高压输电电缆、交流海底电缆、柔性直

流输电特种电缆和绝缘导电材料等产品。变电领域，重点招引国电南自、许继电气、特变电工、平高电气等行业龙头企业，开发配送式智能变电站、站内多功能测控装置、站域保护控制装置、智能巡检机器人等关键技术和设备。配电领域，力争招引ABB、西门子、施耐德、正泰电气等行业龙头企业，重点发展配电变压器、低压成套设备、配电箱（柜）、配电自动化系统等产品，开发面向能源互联网的灵活配电系统技术与关键装备。

（三）构建灵活调度体系，推进多元调峰电源和储能建设

根据新能源装机规模，合理配置一定比例的储能、调峰燃机等灵活性调节资源，统一参与电网调度控制管理。在保障电网安全稳定运行的基础上，按照“本地区优先消纳”的原则实施调度，充分提高地区负荷与新能源发电的时空耦合性，推动新能源消纳能力持续提升。加快构建“省地协同、统一调控、分级消纳”的新能源灵活调度体系。按照统一规划、分步实施、高效管理、安全扩容的原则，建立数字化产业管理、监管、规划等手段，为盐城新能源产业发展提供有力支撑。以数据为基础、创新为驱动、服务为载体，接入电网变电站、风电场、集中式光伏、分布式光伏、智能微网、储能等项目数据，同步增加气象、海事等数据的接入和应用，加快建成全市新能源大数据中心。积极推进互联网、大数据与新能源产业深度融合，为电网侧、发电侧、用户侧提供运营监控、数据分析、能源调度、交易分析等功能。

（四）坚持全“产业链”思维，提高协同发展能力

立足盐城优势资源，厘清发展优势，优化产业布局，适宜发电、消纳、装备制造一盘棋。树立全产业链思维，围绕增链、延链、补链、强链，实现产业上、中、下游深度协作，加大风电和光伏装备制造、储能电池、技术研发、智能运维等相关产业培育引进，积极推广N型组件、低风速大功率风机等新型设备，以重点项目带动产业集聚发展。坚持新能源产业投资主体在盐城同步落地装备制造、生态环保、现代服务业等其他领域项目，增加新增负荷，提高就地消纳和对地方经济的综合带动能力。紧盯国家政策机遇，合适区域建设以新能源科技创新为载体的零碳产业园，布局一批新能源产业装备制造、绿氢产业化应用示范项目。

（五）强化示范引领，发挥带动效应

推进海上风电创新发展示范。结合盐城市千万千瓦级海上风电基地建设，探索布局海上“能源岛”，选择适宜位置构建人工岛或选择自然岛礁，集成升压变电设备、制氢等装置，同步综合输送电、氢、淡水等资源，实现海洋资源综合高效利用。推进远海海上风电开发示范。根据国家、省相关产业政策，在全国率先启动深远海海上风电试点示范，支持综合实力强的风电装备制造龙头企业、关键配套企业、开发企业组建海上风电产业联盟。推进光伏综合利用示范。开发光伏建筑一体化（BIPV）项目，打造“光伏＋电动汽车充换电站”“光伏＋公交站台”等示范项目，推进风光储一体化示范项目建设，探索“风光储一体化”示范应用构建园区级“源网荷储一体化”模式。

（六）继续完善软硬件配置，优化产业发展环境

继续加大园区水、电、路、天然气、防洪及通信等基础建设，同时在人才供给、科技创新支撑等方面加强支持力度，不断完善发展硬设施和投资软环境。积极协调省政府相关部门在土地性质、电价等方面出台优惠政策，助力产业、园区、地区协同一体化跨越式发展。推进新能源企业注册地本地化，提高税收贡献率。把握好分布式光伏建设的政策机遇，认真学习借鉴先进地区分布式光伏推广实施经验，吸引有实力的社会资本开展分布式光伏建设，助力盐城乡村振兴建设。

第四章　盐城电子信息产业

电子信息产业是国民经济的战略性、基础性和先导性产业。近年来，盐城坚持“产业数字化、数字产业化”导向，积极抢抓数字经济战略机遇，以完善的基础设施、丰富的资源要素、优惠的政策扶持为基础支撑，培育高效协同、智能融合的数字经济新生态。经过多年的精心布局和深耕发展，盐城市已构建起从核心部件到品牌整机，从硬件生产到软件开发的电子信息全产业链条。

第一节　国内外电子信息产业发展动态与趋势

在全球经济持续低迷，政治形势依然严峻的大背景下，中国依托全球制造中心的产业链优势和人员技术水平优势，不断推动电子信息产业发展。数字经济、人工智能、新能源汽车等新兴电子终端产品加速发展迭代，也为电子信息产业发展创造了有利条件。总体来看，专用芯片将成为集成电路市场的大势所趋，智能车载设备等汽车电子成为市场投资热点，“医疗电子器械+人工智能”站上行业新风口。

一、电子信息产业发展的国内外动态

（一）全球电子信息产业发展动态

1. 上游电子元器件产业处于主动去库存周期

（1）全球半导体月度销售额同环比下降幅度继续扩大

如图 4-1 所示，2023 年 1 月全球半导体销售额同比下降 18.5%，环比

下降 5.2%，下降幅度继续扩大。根据美国半导体行业协会（SIA）的数据，2022 年全球半导体销售额达 5 735 亿美元，同比增长 3.2%。2023 年 1 月全球半导体行业销售额为 413 亿美元，与 2022 年 12 月的 436 亿美元环比下降 5.2%，与 2022 年 1 月的 507 亿美元同比下降 18.5%，创 2022 年下半年以来的最大降幅。

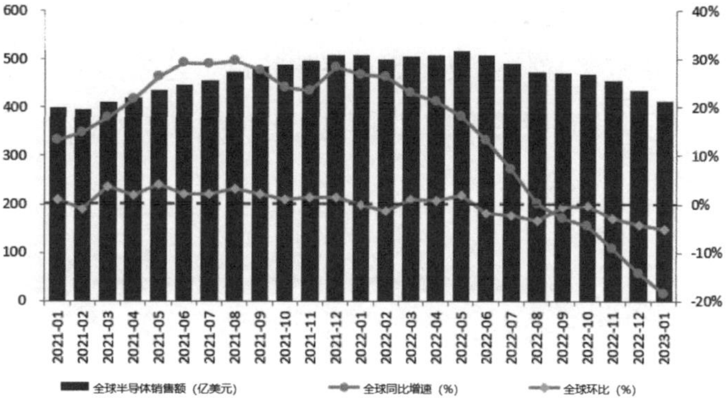

图 4-1　全球半导体月度销售情况（单位：亿美元，%）

（2）全球主要芯片厂商季度库存水位继续提升

如图 4-2 所示，2022 年第四季度，全球主要芯片厂商库存水位仍继续提升，平均库存周转天数环比提升 20 天。根据 Wind 的数据，全球主要芯片厂商包括英特尔、AMD、英伟达、高通、博通、美光、TI、ADI、恩智浦、微芯、安森美，2022 年第三季度的平均库存周转天数为 102 天，2022 年第四季度增加到 122 天，环比提升 20 天。

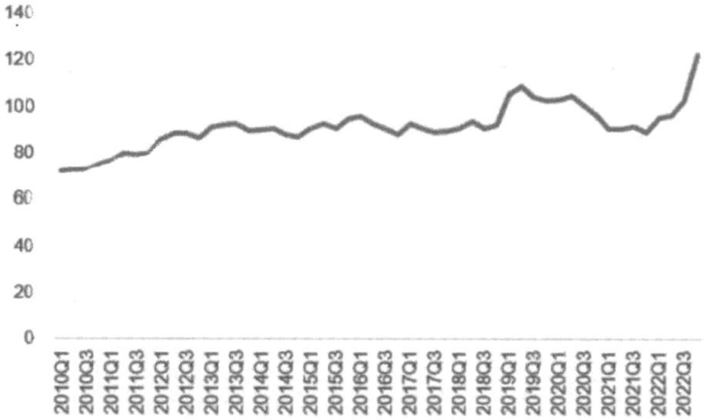

图 4-2　全球主要芯片厂商库存周转天数（单位：天）

（3）晶圆厂产能利用率季度大幅下降

如图 4-3 所示，2022 年第四季度晶圆厂产能利用率大幅下降。半导体市场需求自 2022 年三季度大幅下跌，导致芯片原厂流片意愿不强，晶圆厂的产能利用率也出现下滑，2022 年第四季度晶圆厂产能利用率进一步下跌。国内晶圆代工龙头厂商中芯国际 2022 年第四季度的产能利用率从三季度的 92.1% 大幅下降至 79.5%；联电 2022 年第四季度的产能利用率从三季度的 100% 下降至 90%；由于华虹半导体主要产品功率等特色工艺依然保持较高的景气度，虽然公司 2022 年第四季度的产能利用率从三季度的 110.8% 下降至 103.2%，但产能利用率仍在较高水平。

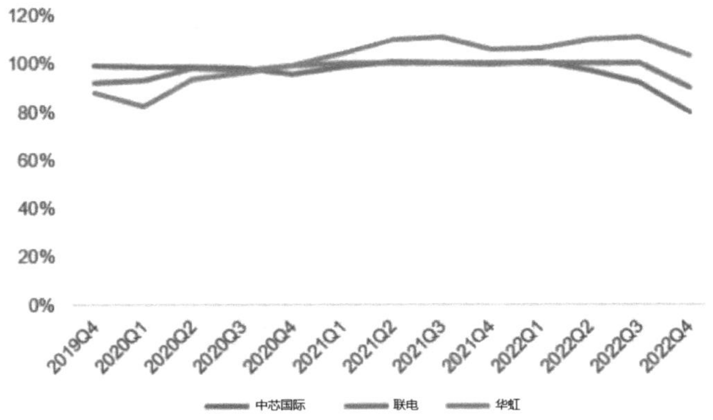

图 4-3 部分晶圆厂产能利用率情况（单位：%）

（4）半导体行业处于主动去库存阶段

如图 4-4 所示，半导体行业是较为典型的具有强周期性的行业，分解来看大概有三重周期。第一重周期是产品周期，代表需求端的变化，主要与产品的生命周期相关。第二重周期是产能周期，代表供给端的变化，主要与需求变化、竞争性投资、时滞等因素相关。第三重周期是库存周期，即代表了供需关系的变化，主要与行业供需关系、短期的信息不对称、时滞以及 overbooking 等因素相关。全球半导体行业每 4 ～ 5 年会经历一轮完整的周期。从谷到峰的上行周期通常是 1 ～ 3 年，从峰到谷的下行周期通常 1 ～ 2 年。从时间维度看，最近这一轮完整周期的启动是从 2019 年中开始，截至 2022 年底已逐渐行至底部区域。

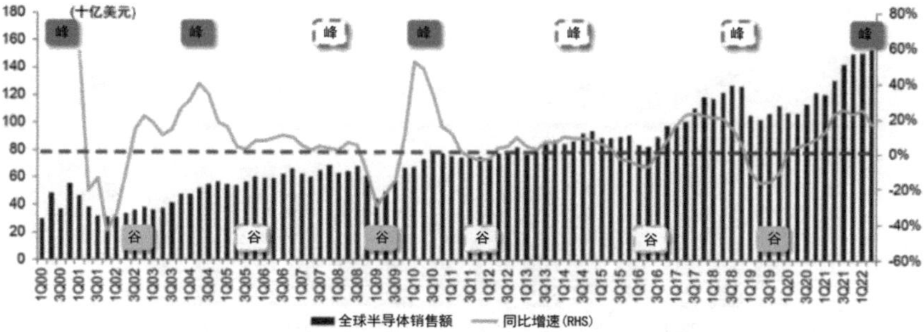

图 4-4　全球半导体季度销售额趋势及周期图

2. 下游消费类需求仍未复苏

（1）手机市场疲软，终端厂商仍处于去库存阶段

如图 4-5 所示，通货膨胀和经济的不确定性严重抑制了消费者支出，叠加手机创新边际减弱且产品同质化严重，智能手机行业步入存量替换阶段，市场需求受限。据 IDC 数据，由于市场复苏速度慢于预期，2023 年智能手机的出货量下降了 1.1%，为 11.9 亿部。

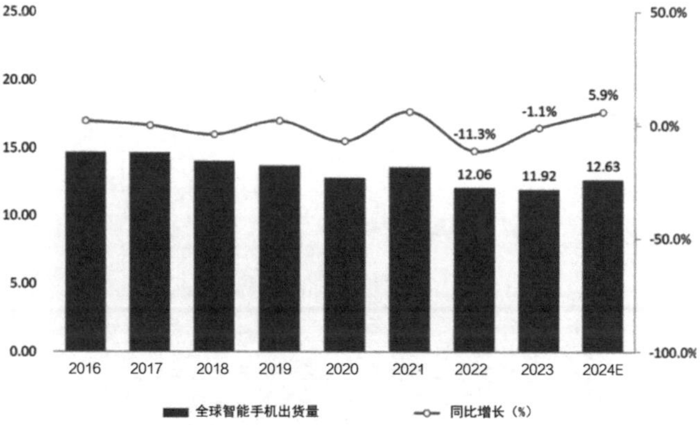

图 4-5　全球智能手机出货量与增长率（单位：亿部，%）

（2）PC 销量受挫，出货量仍将进一步收缩

如图 4-6 所示，同样受到影响的还有 PC 市场，Gartner 数据，2022 年全球 PC 出货量 2.862 亿台，同比下降了 16.2%。由于消费需求放缓，教育需求已基本满足，以及宏观经济状况恶化，企业需求被压缩，2023 年全球 PC 出货量仍进一步收缩，下降了 6.8%。

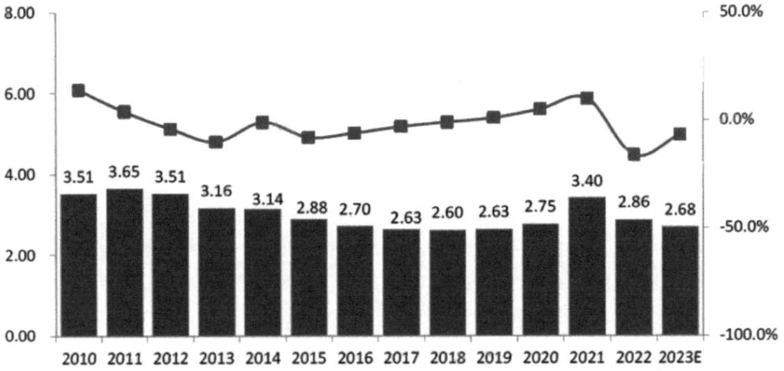

图 4-6　全球 PC 出货量与增长率（单位：亿台，%）

（3）汽车市场整体呈现稳中向好态势

如图 4-7 所示，根据 EV Sales 的数据，2022 年全球新能源汽车销量为 1 007 万辆，同比增长 56.37%。2023 年 1 月全球新能源汽车销量为 66 万辆，同比增长 9.85%。中国市场由于 2022 年底燃油车购置税优惠及新能源车国补退出形成部分需求提前透支，叠加当前处于传统车市淡季，终端需求疲软，2023 年前 2 个月汽车整体销量下滑。

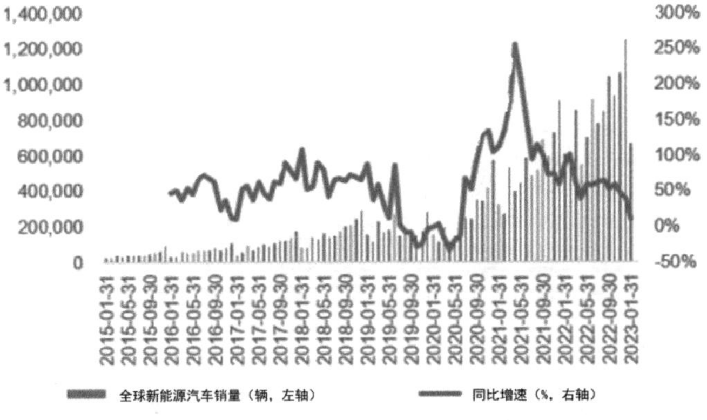

图 4-7　全球新能源汽车销量与增速（单位：辆，%）

（4）光伏储能领域前景广阔

如图 4-8 所示，“双碳”战略下，以光伏、风电为代表的可再生能源市场迎来快速发展。CINNO Research 统计数据，2022 年中国新能源项目投资金额高达 9.2 万亿元，其中，风电光伏投资总额约 3.4 万亿元，占比约为 36.9%；

储能投资总额 2.7 万亿元，占比约 29.3%；锂电池储能投资总金额 2.2 万亿元，占比约为 23.6%。风电光伏、储能与锂电池为 2022 年新能源行业的三驾马车。

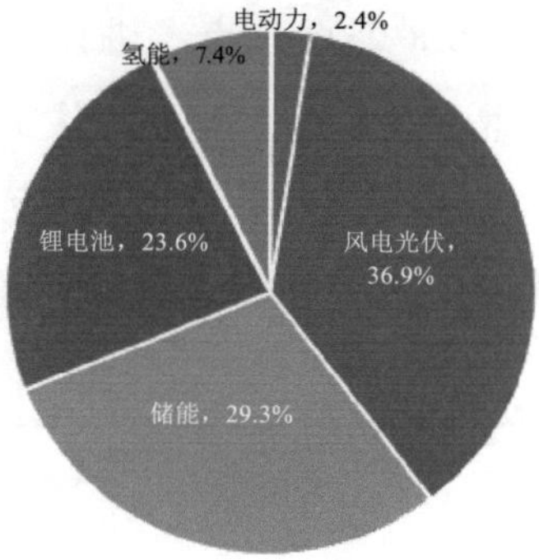

图 4-8　新能源项目投资金额结构分布（单位：%）

（二）中国电子信息产业发展动态

1. 收入规模持续扩大

2022 年，我国规模以上电子信息制造业实现营业收入 154 487 亿元，比上年增长 5.5%；软件和信息技术服务业实现软件业务收入 108 126 亿元，增长 11.2%。分季度看：一季度、上半年、前三季度及全年，电子信息制造业增加值累计增速分别为 12.7%、10.2%、9.5% 和 7.6%，行业运行呈现前高后低态势；软件业收入累计增速分别为 11.6%、10.9%、9.8% 和 11.2%，行业运行总体平稳。

2. 生产增速保持领先

2022 年，规模以上电子信息制造业增加值比上年增长 7.6%，增速分别超出工业、高技术制造业 4.0 和 0.2 个百分点。从主要产品产量看，微型计算机产量 4.3 亿台，下降 7.0%；手机产量 15.6 亿部，下降 6.1%；集成电路产量 3242 亿块，下降 9.8%。

3. 投资保持较快增长

2022 年，我国电子信息制造业完成固定资产投资额比上年增长 18.8%。当前，为提升产业链供应链稳定性，产业上游基础领域，如集成电路、电子元件、电子材料等受关注度不断提升；同时，绿色低碳理念进一步深化，新型基础设施建设步伐加快等，也带动了行业相关领域的投资保持较快增长。

4. 对外贸易形势低迷

2022 年，我国高新技术产品出口 9 513 亿美元，比上年下降 2.8%，低于同期全国货物贸易出口增速 9.8 个百分点；进口 7 635 亿美元，下降 8.8%，低于同期全国货物贸易进口增速 9.9 个百分点。从主要产品看，出口电脑及零部件 2 360 亿美元，下降 7.5%；出口手机 1 427 亿美元，下降 2.5%；出口集成电路 1 539 亿美元，增长 0.3%；出口音视频设备 380 亿美元，下降 7.0%。

二、国内外电子信息产业发展总体趋势

（一）发展总体趋势

1. 核心技术迎突破、智能高端化成重要发展趋势

智能制造应用的兴起，带动了电子信息制造业的发展。当前，电子信息产业正进入技术创新密集期，应用领域呈现多方向、宽前沿、集群式等发展趋势。人工智能、5G 时代的万物互联等高端技术或将带来一片新蓝海，预计 10 年后全球人工智能应用、5G 电子信息相关商品和服务都将达到数十万亿美元。

2. 与传统领域融合创新，消费电子迎全面升级新机遇

信息技术正处于融合集成式创新和颠覆式创新发展的新时代，这一阶段，传统消费电子产品日趋饱和，而新产品尚未出现，整个行业正在寻找新的“爆发点”。虽然手机电子整体呈下行态势，但作为手机显示面板的柔性屏将迎来发展拐点。据 HIS Markit 预测，到 2025 年，可折叠 AMOLED 面板出货量将达 0.5 亿台，全球柔性屏市场规模将逆势增长。

3. 从产品之争转向平台之争，掌控家庭智能设备控制中枢

以场景为中心、以用户为中心的万物互联时代下，互联互通的新模式，是行业不可逆的变革趋势。智能家居同时兼备了应用场景落地强、流量城池巨大、使用频次高、开发潜力无限等特性，国内外科技公司、互联网公司以及传统家电制造商争相进入智能家居系统市场。2023 年，智能家居全球市场规模达 1 550 亿美元，中国智能家居市场更是以 1/3 的份额成为全球市场增长重心。

4. 生活场景的应用向“工业”和“城市”两端延展

由于人口红利消失、行业竞争激烈、政策监管趋严等原因，消费互联网正

在日益激烈化。而与此同时，产业互联网则存在着巨大的市场空间。由消费互联走向产业互联，应用互联网技术进行连接、重构传统电子信息制造行业，虚拟化进程从个人蔓延到企业，生产活动将成为新的应用场景。由互联生活催生互联城市，通过运用互联思维来打造未来工作生活的新模式，从而让人们在方方面面体验到新一代信息技术时代的高效与智能，一切尽享智能无线连接，各领域甚至是跨领域之间将建立桥梁，其巨大的市场潜力意味着巨大的商业机会。

（二）发展的热点领域

1. 专用芯片将成为集成电路市场大势所趋

我国集成电路设计、制造、封装测试等产业集成电路行业市场规模由2017年的5 411亿元增长至2022的12 036亿元，年均复合增长率为17.3%。相对于不断增长的市场需求来说，集成电路仍高度依赖进口。目前，我国集成电路设计、封装测试细分领域发展较快，制造环节也在稳步增长，国产替代市场空间巨大。从未来发展看，AI、VR、物联网、机器人等智能硬件芯片将被专用芯片替代，且其需求将不断提升。

2. 智能车载设备等汽车电子成为市场投资热点

中国车联网市场规模保持高速增长，规模市场由2017年的746亿元增长至2021的2 126亿元，2021年中国车联网行业渗透率已达53.3%，并保持逐年增长。目前，智能车载市场处于高速发展期，创新产品迭出，智能车载系统已经成为了车企、零部件企业乃至IT企业的研发重点。智能车载设备作为智能车载系统的细分市场，行业各主体、一级供应商、国际汽车厂等都在跨行业收购整合结盟，以此实现产品创新、资源整合、业务拓展、战略转型。

3. 医疗电子器械、人工智能站上行业新风口

随着新一代信息技术和制造业的不断融合发展，医疗器械行业逐步成为电子信息制造技术广泛应用的领域，2022年中国医疗器械市场规模达9 582亿元，近7年复合增速约17.5%，已跃升为除美国外的全球第二大市场。利用人工智能对并发症进行预测及预防、发展电子化病历、对医疗大数据进行分析挖掘等，并利用AI系统进行医疗诊断，具有广阔的市场需求。康复类医疗电子器械也存在巨大的机会，纳米机器人、神经义肢以及各类智能介入式

医疗器械等将引领未来康复医疗电子器械。手术机器人领域也在不断突破。

第二节　盐城电子信息产业发展现状

近年来，盐城抢抓新一代信息技术产业发展机遇，先后将大数据、电子信息产业作为战略性新兴产业、主导产业进行培育发展，通过加大项目招引力度，延伸拓宽产业链条，在精密结构件、印制电路板等细分产业链上形成区域特色优势。全市新一代信息技术产业正加快扩张、持续升级，为奋力谱写中国式现代化盐城新篇章注入强劲动能。

一、发展现状①

（一）规模总量稳步增长

盐城坚持“产业数字化、数字产业化”导向，积极抢抓数字经济战略机遇，以完善的基础设施、丰富的资源要素、优惠的政策扶持为基础支撑，培育高效协同、智能融合的数字经济新生态，用数据赋能农业现代化、工业现代化、服务业现代化。2022 年，全市新一代信息技术产业规模以上企业实现开票销售 863.3 亿元，同比增长 26.8%，初步形成龙头引领、集群突破的发展态势。2023 年，盐城市新一代信息技术产业规模突破 1 000 亿元，实施 119 项重点项目，年度计划投资 289.4 亿元，新招引亿元以上项目 100 个，加快打造先进制造业产业基地和创新型产业集群，形成盐城高新区、东台经开区、亭湖环科城、盐城大数据产业园等 15 个电子信息产业园区（集聚区）。

（二）产业结构持续优化

全市持续引进电子信息产业重大项目，产品品类不断丰富，主要产品涵盖智能终端产品及零部件、电子元件、电子器件、光电子器件、显示器件、太阳能电池、光纤光缆等。在工信部发布的《电子信息制造业产品全目录（2019 年）》中 12 个细分行业和 49 个门类中，盐城市已布局 11 个细分行业和 46 个门类，占比均超过 90%。经过多年的精心布局和深耕发展，盐城已构

① 盐城市“十四五”电子信息产业高质量发展规划 [EB/OL].http://gxj.yancheng.gov.cn.

建起从核心部件到品牌整机，从硬件生产到软件开发的电子信息全产业链条。

（三）企业实力不断增强

引进培育了东山精密、维信电子、领胜科技、立铠精密、贺鸿电子等一批技术含量高、成长性好、具有较强竞争力的电子信息骨干企业。2021 年，全市开票销售超亿元的电子信息企业 131 家，其中超 10 亿元企业 18 家。领益智造、科森科技、博敏电子、东山精密、沃特股份、超威动力、深康佳 A、中天科技等多家行业龙头企业、上市公司在盐投资，多家企业技术和产品全球领先，是华为、苹果、中兴、小米、特斯拉等终端品牌供应商。东山精密 LED 发光二极管封装产能产值排名国内第一，全球产量规模第三；维信电子的挠性板产量全球前三、国内第一；2021 年东山集团在盐企业、立铠精密销售规模均突破百亿元，分别实现开票销售 110.9 亿元、109.1 亿元，同比分别增长 15.1%、327.8%。领胜科技、科森集团在盐企业分别实现开票销售 35.6 亿元、31.5 亿元，2022 年立铠精密成为全市首家开票销售超 200 亿元的电子信息企业。

（四）创新能力逐步提升

盐城以“做大规模、提升质量”为目标导向，电子信息产业创新能力持续提升。截至 2022 年，全市电子信息产业累计建成高新技术企业 155 家、省级企业研发机构 45 家，44 家企业获评省级“专精特新”企业。领胜科技、德联达等 45 家企业建成省级企业研发机构，东山通信、矽润半导体等 23 家企业获评省示范智能车间[①]；博敏电子等 7 家企业评定为省工业互联网发展示范企业；东山精密获批省示范智能工厂；重点面向电子信息产业的盐城 CNC 产能协同共享工业互联网平台，评定为全省目前唯一的区域级产能共享平台。

（五）区域品牌效应初显

盐城高新区智能终端产业园、东台经济开发区电子信息产业园、盐南高新区迪信通智能机器人科创产业园等一批电子信息产业专业园区载体建设加快推进。得益于本地电子信息产业链式发展成果显著、配套不断完善等利好因素，富乐德功率半导体科技中国总部落户盐城，科森科技、润田电子等企

---

① 钱易 . 数字经济时代的区域电子信息产业发展策略研究：以中韩（盐城）产业园为例 [J]. 商业全球化，2021，9（4）：65-70.

业新上产业链关联项目持续追加投资。盐城电子信息产业发展大会及创新创业大赛、高峰论坛、交流恳谈会等系列活动影响力巨大，吸引了中国电子信息产业集团、华为、深圳华强半导体集团等全球知名电子信息巨头来盐合作，未来发展可期。

二、发展困境

（一）总量规模较小，龙头企业带动不强

盐城电子信息产业相比苏州等全国电子信息产业强市，以及扬州、南通等周边城市，仍有一定差距，行业知名度和影响力有待提升，龙头企业相对较少，企业缺乏核心竞争力，企业创新和基础创新也较为薄弱。

（二）产业层次不高，产业附加值不足

盐城电子信息产业企业集中在相对低端的代工、贴片、组装环节，缺乏核心技术，产品附加值不高，受市场和政策影响波动较大；由于产品集中于附加值低环节，企业研发投入较低，企业毛利率低于电子信息行业整体毛利率。

（三）产业链配套协作不够，链式发展效应不明显

在电子信息企业进入全产业链竞争和产业生态竞争的形势下，盐城电子信息产业链上相当一部分企业上游材料、下游市场“两头在外”，企业间关联度不高、协同发展不够，显得力量薄弱，未能较好发挥“以链引链”的倍增效应。

（四）发展要素紧缺，产业发展保障不足

在资金方面，电子信息产业是资金密集度较高的领域，盐城市产业基金投资相对于苏南地区投资力度有限。在人才方面，盐城地处革命老区，缺少“985”“211”等顶尖高校，本地高端技术人才、产业工人、管理人才缺失，对外地人才吸引能力有限，电子信息产业发展长期面临的人才梯队、智力资源、技术瓶颈等问题无法得到根本性解决，制约了行业发展。

第三节 盐城电子信息产业发展路径

《盐城市“十四五”电子信息产业高质量发展规划》提出，按照“龙头

带动、集群配套、创新协同、链式发展”的思路，着力打造智能终端、精密结构件、印制电路板三大地标特色产业，培育壮大基础电子元器件、汽车电子、光伏三大潜力产业，加快布局集成电路、新型显示、新一代通信设备等新兴产业，持续做大规模、提升产业层次，推动全市电子信息产业加快形成“333”梯次发展格局，打造长三角北翼电子信息产业新高地。要实现以上目标，需要坚持链式发展，激活聚变效应；坚持协同发展放大聚合效应；搭建平台，提升创新能力；畅通渠道，加速资源流动。

一、发展形势

（一）数字经济蓬勃发展将为盐城产业增长提升新空间

数字经济已经成为继农业经济、工业经济之后的新型经济形态，发源于信息技术创新及其创新成果的应用，特别是信息消费的旺盛需求，进一步对信息技术创新发展提出了更高要求和广阔空间。近年来，随着5G、云计算、大数据、物联网等新兴信息技术与经济社会融合的深度、广度进一步拓展，我国信息消费快速发展。一方面，经济社会各领域信息消费不断升级，生活类、公共服务类、行业类、新型信息产品等信息消费类别持续分化，特别是电子信息产品加速向智能化、高端化、融合化发展，演变出中高端移动通信终端、智能家居等新型信息产品和服务，不断拓展信息消费的边界，满足消费升级需求。给盐城电子信息产业发展带来了两大机遇：一是借助各类移动智能终端产品需求增强，特别是面向国内市场特征和文化领域的个性化、高端化、品牌化产品，推动电子信息产业做大做强；二是打造和丰富信息消费新场景，通过生活类、公共服务类、商务类等信息消费领域广阔的信息技术应用空间，打造新的信息消费场景，拉动全市信息消费升级。

（二）信息技术引领变革将为盐城赶超发展铺设新赛道

信息技术的发展带动我国工业经济高速增长，智能手机和4G/5G等新一代移动通信网络带动信息产业飞速发展，我国已成为全球最大的智能手机生产基地和消费市场，互联网业务收入超过1.2万亿元。5G、人工智能、区块链等前沿技术仍在持续演进，芯片制造工艺等领域将迎来颠覆性变革，为信息技术创新发展提供新的机遇。同时，信息技术还在与制造技术、新材料技术、新能源技术、生物技术等领域跨界融合，新技术、新模式、新业态不断涌现，正在带动传统产业向数字化、网络化、智能化发展。一方面，信息技术发展热点不断涌现，将为盐城市赶超式发展提供新的赛道，在5G、新兴信息产品服务等领域将与发达地区处于同一起跑线，大大增加“弯道超车”可能。另一方面，行业颠覆式技术路线的出现，将对创新能力提出更高要求，对盐城市参与电子信息产业竞争提出更大挑战，同时也带来了更多的机遇。

（三）国家扶持政策转向将对盐城提出新思路、新要求

从国际形势看，电子信息产业已经成为中美等大国博弈的重要战略领域之一，集成电路、关键材料及设备等成为产业发展必须坚持的根基，补短板、扬长板成为产业发展的重大需求。从国内形势看，我国电子信息产业将加速进入高质量发展阶段，如何加速推动电子信息产业由大变强，抢占布局全球新一轮信息技术创新前沿领域，推动产业重点领域全国有序布局，成为产业政策设计的重点。从国内外形势来看，当前国家针对集成电路、人工智能等领域将给予更多政策扶持和资金支持，给予省市发展相关产业提供了新的政策利好。盐城是长三角区中心城市、“一带一路”重要节点城市，具备立体通透、区域辐射的交通优势，有利于加强与上海、苏州、无锡等省市对接合作，延伸和完善产业链环节，打造附加值更高的电子信息产业链。

二、发展经验借鉴

（一）苏州昆山市电子信息产业发展路径①

电子信息产业是昆山市的支柱产业，电子信息产业产值达 5 546.2 亿元，在昆山市规模以上工业中比重达到了 53.9%，占苏州全市相关产值的 47.7%，是具有全球影响力的电子信息产品制造基地。

1. 用好“全链条”，强链补链、固本强基

从 20 世纪 90 年代初，昆山通过“分拆笔记本电脑”，按照“缺什么、招

① 何聪，刘志强，李翔．在产业高地上锻造更强韧性：开局之年看昆山 [N]. 人民日报，2023-06-12（01）.

什么”布局了一条完整的笔记本电脑的产业链条，产量一度占全球的 2/3，但关键零部件和核心技术长期受制于人。因此大力实施电子信息“固本”工程，推动“芯—云—网—端—链”一体布局，通过创新驱动，打造出一条“搬不走、压不垮、拆不散”的核心产业链条。

2. 下好“先手棋”，瞄准前沿、抢先布局

昆山根据市场趋势和需求，提前布局、谋划创新。打造新显示、新智造、新医疗等 6 个千亿级战略性新兴产业，高水平规划建设元宇宙、先进计算等 40 个特色专业创新园区，主动抢占智能机器人、智能网联汽车等新赛道。2022 年，昆山高新技术企业增至 2 744 家，占苏州的 1/5，战略性新兴产业产值比重提升至 57.3%。

3. 扩大“朋友圈”，优化生态、合作共赢

昆山作为开放型经济的先行者和领头羊，充分利用国际国内两个市场两种资源，主动服务和融入国家战略，厚植投资沃土，“磁力”越来越强，79 个国家和地区的 9 600 多个项目集聚于此。2023 年前 11 个月，昆山外贸进出口总值为 6 870 亿元，占全省进出口总值的 14.4%。其中，出口 4 597.8 亿元，占全省的 15%；进口 2 272.2 亿元，占全省的 13.3%。

4. 鼓足“精气神”，主动靠前、助企惠企

昆山主动对标世界银行最高标准，连续 5 年发布营商环境政策，先后推出营商环境白皮书、“二十八条”、“十六条”、“三十条”营商环境新政，创新推出“昆如意”营商服务品牌。通过补贴支持、减税降费、保障企业用工、优化营商环境等，帮企业解决订单、用工、物流、信贷等各方面难题。

（二）无锡电子信息产业发展经验

2022 年，无锡市集成电路产业规模达到 2 091 亿元，同比增长 15.2%。2023 年 1—6 月份，无锡市集成电路列统规模以上企业 219 家，实现产值 1 065.48 亿元，同比增长 9.5%。目前，无锡集成电路产业规模占全省 1/2、全国 1/8。

1. 强化政策引领

无锡在 2016 年首次出台集成电路专项政策，后续不断迭代升级，陆续制定出台了《关于加快建设具有国际影响力的集成电路地标产业的若干政策》

《无锡市集成电路产业集群发展三年行动计划（2023—2025年）》等一系列政策，从支持产业发展壮大、企业创新发展、项目加快建设、人才引进培育、产业协同发展、产业环境提优等多方面制定了政策意见，着力注重集成电路产业发展的系统性、针对性和创新性。

2. 构建产业生态体系

无锡先后获批国家集成电路设计产业化基地（全国共8家）、国家微电子高技术产业基地（全国共2家）、国家“芯火”双创基地（地级市唯一），集聚华润微电子、中科芯等一大批在业界有影响力的龙头企业和单打冠军企业，全省规模最大的10家晶圆制造企业有7家在无锡。无锡在封装测试业的规模、技术水平均处于全国领先，江苏长电、全讯射频、海太半导体、盛合晶微等4家企业位居全省前十，其中江苏长电位居全国第一、全球第三。在核心技术攻关方面，无锡建有国家集成电路特色工艺及封装测试创新中心。支撑业方面，无锡支撑配套业涵盖了集成电路专用装备、核心零部件以及原材料的众多门类，并在多个细分领域取得领先地位，如江阴地区的化学试剂业为全国第一。微导纳米、邑文科技等自主研发的薄膜沉积设备、刻蚀设备等达到国内领先水平。

3. 打造一流营商环境

2023年6月，无锡推出的新政将专项资金提高3倍，增至3亿元，有力支撑了无锡建设具有国际影响力和核心竞争力的集成电路地标产业集群，引领全产业链高质量发展。2023年，无锡拥有华虹制造、中环领先二期、长电微电子微系统制造、盛合晶微三维多芯片封装等一批新建在建项目，全年总投资超1 700亿元，持续助推无锡集成电路攀升产业链高端。“无难事、悉心办”营商品牌提供了最优质的资源、最优惠的政策和最高效的服务，以“软实力”支撑“硬发展”，用“硬举措”保障“软实力”。

三、发展路径

（一）链式发展，激活聚变效应

一是以“链长制”为抓手加强顶层设计。进一步融入世界级长三角电子产业集群带建设，深入推进电子信息产业延链补链强链工作，建立市内产业协作配套机制，畅通基础零部件、原材料供应渠道和产品销售渠道。积极对接国家和省电子信息产业发展规划，充分利用支持政策，争取重点产业项目落户盐城。加强与无锡、苏州等周边城市的政策交融，促进要素资源流通，提升产业交叉融合的组织协调能力。二是以高效的市场机制引导企业在产业链建设中发挥积极作用。重点突出龙头企业在供应链中的核心地位，围绕龙头企业吸引集聚配套企业，实施产业链配套招引工程，以龙头带集聚，以集聚带生态。支持重点企业强强联合，整合上下游资源，形成灵活联动的产业组织形态，带动全产业链企业协同采购、协同制造、协同物流，提升产业整体竞争力。支持有条件的企业在细分领域实现引领发展，带动区域协同水平提升。

（二）协同发展，放大聚合效应

一是培育壮大龙头企业。实施内育外引培育产业龙头方阵行动，建立龙头企业一对一服务台账，加大资源倾斜力度，重点支持阿特斯、天合国能、润阳等具有核心竞争力的龙头企业向国际型领军企业迈进。积极引导一批优势企业通过兼并重组等多种方式发展成为全国有影响力的企业。对国际龙头企业迁入或设立新公司，实行“直通车”制度，推行“一事一议”。二是重点发展配套企业。支持上下游成长型企业发展，提高企业的专业化生产、服务和协作配套实力，大力支持将电子信息作为首位产业的区县做大做强做精当地特色产品，引进培育一批关键部件配套产业，促进“链主”型企业和本地配套企业紧密协作，提高本地配套率和企业根植性。三是培育瞪羚类企业。制定发布重点产业领域目录，加大对该领域创新企业的资金支持力度，鼓励优质企业在科创板上市融资，重点扶持一批成长性好的中小企业发展成为“专精特新”企业。

（三）搭建平台，提升创新能力

一是发挥企业创新主体作用。深入推进“科技创新突破年”活动，充分调动和激发企业创新主动性、积极性，加快完善以企业为主体、市场为导向、产学研用相结合的电子信息技术创新体系。加强高新技术企业培育，积极推进“小升高”“规升高”，遴选一批自主创新能力强、市场前景好的高成长型科技企业，纳入高新技术企业培育库，进行重点扶持。二是实施企业研发能力提升计划。聚焦“五核四数三延伸”产业领域，抢抓物联网加速发展机遇，在“智改数转”服务商引培、工业互联网平台建设、电子商务应用拓展等产业培育上持续发力，通过引进培育一批工业互联网平台企业、“智改数转”服务商和高端人才，在国家级智能制造企业、“专精特新”企业上取得新突破，推动外来投资企业在盐设立研发中心，鼓励企业建立企业技术中心、工程技术研究中心、工程研究中心、院士工作站、研究生工作站等一批高水平研发机构，着力推动企业创新发展。聚焦“333”产业领域，充分调动各类创新资源，探索政企合作、企校联合等新模式，建立产学研用合作长效机制，搭建电子信息产业技术创新平台。支持盐城中科高通量计算研究院、吉林大学智能终端产业研究院等研发机构建设，加大研发投入和项目孵化，构建从基础研发到成果转化、中试、孵化生产再到广泛应用的商业化机制，建立“众创空间 + 孵化器 + 研究院 + 产业园区”梯队孵化体系，引进专业团队对孵化器进行运营管理，完善创业导师、天使投资、科技中介、专业培训、政策解读、项目申报辅导等企业服务功能，助力技术创新成果快速产业化强化关键技术攻关。三是开展电子信息产业关键技术“揭榜挂帅”行动。通过开展企业申报、专家评审，筛选出符合盐城电子信息产业技术创新发展方向的新技术，向全社会发布，组织“揭榜挂帅”，并以相关技术突破为引领，组建包括企业、科研院所等在内的技术创新（微）联盟，以电子信息产业领域重点技术突破为引领推动产业创新发展。

（四）畅通渠道，加速资源流动

一是以重点园区为载体，加大资源整合集聚力度。通过进一步完善关键配套服务能力，让“优等生”“好马配好鞍”，打造以盐城高新区、盐城环科城、东台经开区为核心制造区，以盐南高新区为数字创新引领区，以其他非临海的省级以上开发区、高新区为多点的盐城市域产业布局，着力构建错位发展、优势互补的“三核一新，多点联动”总体产业格局，充分释放“叠加”“放大”效应，推动产业链企业集聚发展。二是推进产业转移承接高地建设。统筹全市“一盘棋”布局，发挥产业基地以及区域产业协同优势，积极对接“一带一路”沿线、长三角等相关企业，发挥产业转移高地的作用，吸引外部企业来盐城投资建厂。建立市内产业协作配套机制，吸引龙头企业及其上下游配套企业，发挥龙头企业供应链核心作用，带动上下游企业协同采购、协同制造、协同物流。三是强化人才培养引进。发布重点产业领域人才需求目录，支持各县（市、区）、园区创新人才引进计划，提升高层次人才引进精准度和开放度。在关键产业领域推行个性化引才策略，采取“一产一人一事一议”机制，着力引进技术领军人才和创新团队带头人。

第五章 盐城钢铁产业

钢铁产业是国民经济的基础原料产业，是工业发展最重要的根基，是产业体系最重要的支撑，是经济稳定最重要的保障，具有投资拉动作用大、吸纳就业能力强、产业关联度高的特点。盐城加快发展钢铁产业对加快建设现代化产业体系，推动传统产业转型升级，塑造产业发展新优势具有重要意义。

第一节 国内外钢铁产业发展动态与趋势

新科技革命和产业变革以及工业化和城镇化为钢铁产业发展带来了机遇。同时，逆全球化和贸易保护主义抬头带来国际贸易环境恶化，导致全球钢铁产能出现过剩，经济结构的进一步服务业化将降低整个社会钢材消费强度，对钢材的品种质量要求更高，“双碳”战略的深入实施，环保达标已经成为钢铁企业生存的“硬约束”。

一、钢铁产业发展的国内外动态

（一）全球钢铁产业发展动态

1. 钢铁产能过剩

自20世纪初，全球钢铁行业开始发展，世界范围内基本都以高炉、平炉、模钢和初轧技术为主体发展钢铁工业。由于受全球经济萎缩等因素影响，2022年12月，全球64个纳入世界钢铁协会统计国家或地区的粗钢产量为1.407亿吨，同比下降10.8%（图5-1）。

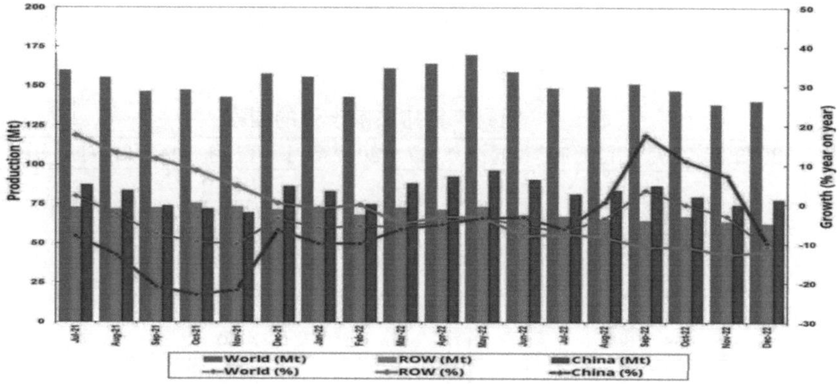

图 5-1　全球粗钢产量

2022 年 12 月，全球各地区中除中东外，其他国家和地区粗钢产量同比下降明显。非洲粗钢产量为 110 万吨，亚洲和大洋洲粗钢产量为 1.049 亿吨，欧盟（27）粗钢产量为 920 万吨，其他欧洲国家粗钢产量为 340 万吨。中东粗钢产量为 370 万吨，北美粗钢产量为 880 万吨，俄罗斯和其他独联体国家 + 乌克兰粗钢产量为 620 万吨，南美粗钢产量为 330 万吨（表 5-1）。

表 5-1　全球各地区粗钢产量

国家	2022 年 12 月（百万吨）	同比（%）	2022 年 1—12 月（百万吨）	同比（%）
非洲	1.1	−8.9	14.9	−6.6
亚洲和大洋洲	104.9	−9.2	1 351.3	−2.3
欧盟（27）	9.2	−16.7	136.7	−10.5
其他欧洲国家	3.4	−19.2	44.7	−12.2
中东	3.7	0.4	44.0	7.1
北美	8.8	−9.9	111.4	−5.5
俄罗斯和其他独联体国家 + 乌克兰	6.2	−28.4	85.2	−20.2
南美	3.3	−3.8	43.3	−5.0
64 国总计	140.7	−10.8	1 831.5	−4.3

注：上述地区含 64 个产钢国提交的数据，其 2021 年产量占全球粗钢产量的 98%。

2. 生产重心向发展中国家转移

相当长的一段时期内，世界钢铁工业主要集中于发达国家，发达国家高度垄断着全球钢铁供应。随着发展中国家经济的迅速发展、技术水平的不断提高、世界市场体制的变革以及各区域人口结构的不断变化，钢铁工业的发展重心从发达国家向发展中国家转移。2022 年 12 月粗钢产量排名前十位的国家分别是中国、印度、日本、美国、俄罗斯、韩国、德国、土耳其、巴西、伊朗（表 5-2）。

表 5-2 粗钢产量排名前十位的国家

国家	2022 年 12 月（百万吨）	同比（%）	2022 年 1—12 月（百万吨）	同比（%）
中国	77.9	−9.8	1 013.0	−2.1
印度	10.6	0.8	124.7	5.5
日本	6.9	−13.1	89.2	−7.4
美国	6.5	−8.3	80.7	−5.9
俄罗斯	5.5e	−11.3	71.5	−7.2
韩国	5.2	−11.6	65.9	−6.5
德国	2.7	−14.6	36.8	−8.4
土耳其	2.7	−20.0	35.1	−12.9
巴西	2.5	−5.2	34.0	−5.8
伊朗	2.7	3.3	30.6	8.0

注：e 为预估值。排名依据为 2022 年度累计粗钢产量。

（二）中国钢铁产业发展动态[①]

1. 供销两端下降

如图 5-2 所示，国家统计局数据显示，2022 年全国粗钢产量 10.13 亿吨，同比下降 2.1%，进入“十四五”以来，连续两年下降。在消费意愿减弱、房地产市场低迷、制造业投资面临减缓压力、国际贸易增速下降等方面，建筑、汽车、集装箱、五金制品、自行车、摩托车等行业钢材消费下降，导致我国钢材整体消费量下降。

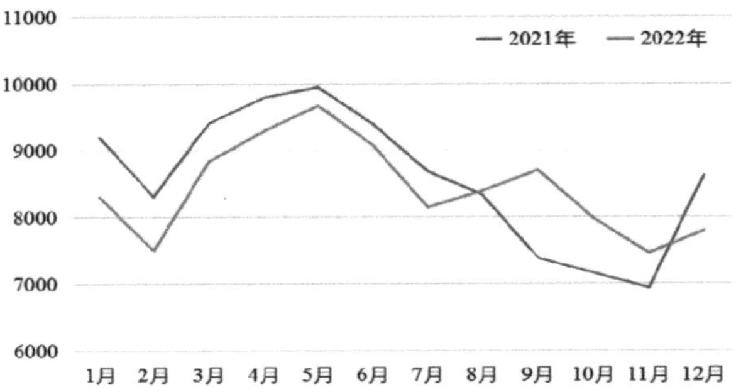

图 5-2 2021—2022 年月度粗钢产量走势

① 范铁军 . 四个“三分天下”：中国钢铁发展新格局 [EB/OL].https://mp.weixin.qq.com/s/3-AGRzoLAtnIAvY4CPJTAA.

2. 市场集中度不断提升

如图 5-3 所示，我国钢铁行业从业企业众多，竞争激烈。但总体来看，市场集中度不断提升。根据前瞻研究院统计，2021 年我国钢铁企业集中度指数 CR5 为 42.73%，行业集中度相对较高，中国钢铁行业营业收入排名前五的企业分别是宝钢股份、华菱钢铁、河钢股份、鞍钢股份和首钢股份。按营业收入计，2021 年五大钢铁行业龙头企业的市场份额占比分别为 16.29%、7.65%、6.69%、6.11% 和 5.99%，前五家钢铁行业企业市场份额合计 42.73%。其他大部分钢铁企业仍呈现“小、散”的特点。

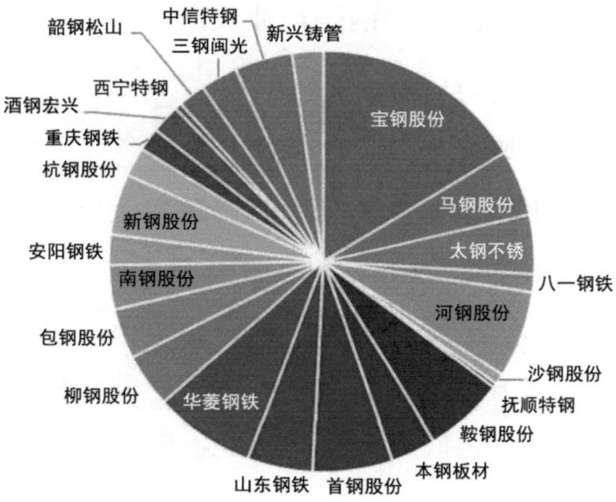

图 5-3 2021 年中国钢铁行业主要上市企业市场份额

3. 钢铁企业向东南沿海集中

如图 5-4 所示，从我国钢铁行业产业链上市企业区域分布来看，钢铁行业产业链上市企业主要分布在华北地区，例如北京市、河北省和山西省；其次分布在东南沿海城市，例如山东省、江苏省、浙江省等地区。

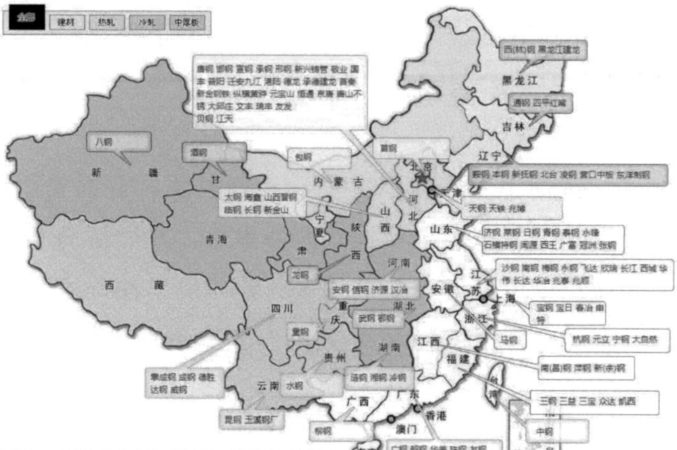

图 5-4 中国钢铁行业产业链代表性企业分布热力地图

二、国内外钢铁产业发展总体趋势

（一）总体趋势

1. 绿色化

钢铁行业作为典型的资源和能源密集型产业，能源消费总量约占全国能源消费总量的11%，碳排放量约占全国碳排放总量的15%，是节能减排的“主战场”。在“双碳”战略指引下，推动钢铁产业绿色化转型，是钢铁行业高质量发展的内在要求。钢铁企业要协同推进降碳、减污、扩绿、增长，走出一条绿色低碳高质量发展之路。

2. 集约化

钢铁行业需求已经由增量市场转为存量市场，且市场边际效应在收缩，行业再次面临供需失衡、经营困难的局面，为优强企业兼并重组实现集约化发展提供了重要机遇。钢铁企业应积极谋划、主动出击、坚决推进，通过推动集约化发展，大幅提升企业整体竞争力，进而推进全行业高质量发展。

3. 智能化

随着智能制造技术的不断发展，智能化改造升级不仅是高质量发展的重要体现，也是钢铁企业提高生产效率、稳定企业生产、优化组织管理、降低生产成本的重要举措。要发挥钢铁行业数据资源和应用场景的优势，与数字经济、数字技术相融合，大力建设钢铁企业创新基础设施，智改数转，数字换脑，走新型工业化的道路。

（二）中国钢铁产业发展趋势①

1. 企业格局“三分天下”

以中国宝武、鞍钢集团、河钢集团、沙钢集团、首钢集团、建龙重工、德龙钢铁等为代表的钢铁企业持续推动兼并重组，发展格局不断演变。但是我国钢铁行业产业集中度低、企业主体多、整体协调性差的问题仍然没有从根本上得到解决，传统的“规模就是效益”的竞争思维仍然没有完全扭转，部分区域市场竞争异常激烈。

---

① 范铁军．四个“三分天下”：中国钢铁发展新格局 [EB/OL].http://www.mpi1972.com/xwzx/tpxw_449/202304/t20230411_100072.html.

随着我国推动经济发展模式从主要依靠周期性投资的物质资源消耗模式转向依靠科技创新等高质量发展模式，房地产等行业进入转型发展的存量调整时期，钢铁行业将进入较长时间的下行周期，行业发展再一次面临严峻挑战，也迎来了新一轮重组窗口期。从长远来看，通过持续推动行业整合，我国钢铁企业必将形成领航型企业、专业化企业和同质化企业“三分天下”的发展格局。时代造就了领航型企业，以超大规模为主要特征，未来将会有 1 ～ 3 个亿吨级规模企业、4 ～ 6 个 5 000 万吨级规模企业；产业发展造就了专业化企业，以单类产品市场占有率高为主要特征，未来将会有上百个企业单类产品全国市场占有率在 30% 以上；周期性投资造就了同质化企业，以同区域、同产品为主要特征，未来这类企业将减至百家以内，以满足区域基础需求为主。

2. 流程格局“三分天下”

由于历史和资源禀赋原因，我国钢铁流程结构一直以长流程为主导，短流程占比总体呈下降趋势[①]。近年来，我国废钢供应始终处于紧平衡状态，且大部分流向竞争力更强的长流程钢铁企业，电炉钢竞争力仍然较弱，无法短期内快速提高产量和占比。与此同时，低碳冶金流程尚处于起步研发探索阶段，中国宝武、河钢、建龙等大型钢铁企业积极参与研发，推动流程结构调整。

随着钢铁行业绿色低碳转型要求的日渐强烈，低碳冶金技术路线成为钢铁行业技术创新的焦点，以氢代碳冶金工艺成为世界主流低碳冶金研究方向之一，高炉富氢冶炼和氢基直接还原等将成为重要技术支撑。同时，随着我国废钢资源量的增长以及电炉钢配套政策的完善，电炉短流程的竞争优势也将逐步显现。未来，我国将逐步形成传统长流程、电炉短流程、低碳冶金流程“三分天下”的工艺流程结构新格局。初步预测，在 2035 年之前，由于钢铁需求虽逐步下降但仍将保持高位，高炉 - 转炉长流程以效率高、规模大、成本低的优势继续保持 50% 以上的比例；之后，由于废钢积蓄量逐步提高，能源革命持续推进，碳排放约束逐年加强，直接还原铁等新型铁素资源越来越丰富，电炉短流程将迎来规模化发展时期；另外，中国钢铁企业已经开展了富氢碳循环氧气高炉、绿氢零碳流化床高效炼铁、氢基熔融还原冶炼、氢

① 孟凡君．“双碳”目标引领建设钢铁产业链保障体系 [N]. 中国工业报，2021-11-19（01）.

基竖炉等不同工艺路线的探索，由于行业规模大、企业和科研机构数量众多，中国钢铁有条件引领世界钢铁工业低碳转型。

3. 能源格局“三分天下”

近年来，我国能源消费总量保持持续增长，化石能源仍是当前能源消费主体，其中煤炭约占 56%，非化石能源占 16.6%。当前，一次能源利用典型指标高炉燃料比行业平均为 530.7 kg/t，二次能源利用典型指标余热余能自发电率行业平均为 54%，全行业绿电（光电、风电）占总电能消耗比例仍不超过 1%；二次能源利用仍有潜力，新能源利用提升空间巨大。

《中共中央 国务院关于完整准确全面贯彻新发展理念做好碳达峰碳中和工作的意见》提出，到 2025 年非化石能源消费比重达到 20% 左右、2030 年非化石能源消费比重达到 25% 左右、2060 年非化石能源消费比重达到 80% 以上。钢铁行业正在按照相关要求调整能源结构、大力发展新能源，未来将逐步形成一次能源、二次能源、新能源“三分天下”的用能新格局。但这些目标的实现是一个循序渐进的过程，全社会包括钢铁行业在内以煤为主的能源结构，短期内不会改变，也必将经历重点关注一次能源“使用”、二次能源“利用”、新旧能源“混用”、未来能源“通用”的发展阶段。

4. 原料格局“三分天下”

钢铁行业铁素资源主要包括国内矿、进口矿以及废钢，2022 年，我国铁矿石原矿产量 9.68 亿吨，折算铁精粉产量约 2.8 亿吨，铁矿石进口量 11.07 亿吨，废钢产生量 2.6 亿吨，国内矿、进口矿以及废钢对粗钢的贡献率分别约为 17%、61% 和 22%，进口矿石仍是我国铁素资源最重要的来源。近年来，进口铁矿连续多年超过 10 亿吨，其中海外权益矿产量仅 6 000 万吨左右，自澳大利亚和巴西两国进口量占比超过 80%，进口来源高度集中。此外，国内废钢尚未达到最佳产出阶段，据统计，2022 年我国废钢资源产出量 2.6 亿吨，炼钢废钢铁消耗总量 2.1 亿吨，同比下降 7.2%。国内废钢“回收—加工—配送”的产业链已初步形成，但仍处于起步阶段，在规模、技术、统计、渠道、财税、经营等方面都面临一些问题和挑战。

长远来看，随着“基石计划”的推进，国内矿产资源勘查与储备将得以增强，矿产资源绿色高效开发力度将持续加大。国内社会钢铁积蓄量将保持持续快速增长，未来废钢资源产出量将进一步增加，同时再生钢铁原料进口量有望逐步提升，预计 2030 年全社会废钢资源供应量将达 3.5 亿吨以上。此外，有实力的企业正在加快海外优质权益矿的开发及产业链延伸。通过原料供应的多元化，国内矿、废钢在国内钢铁生产的原料贡献比将逐步提高，钢铁行业将逐步形成国内矿、进口矿和废钢“三分天下”的原料保障新格局，铁素资源安全供应保障能力逐渐增强。

第二节　盐城钢铁产业发展现状

钢铁产业是盐城四大支柱产业之一，长期以来，盐城钢铁产业为全市经济建设提供了重要的原材料保障，有力支撑了相关产业发展，推动了全市工业化、现代化进程，促进了民生改善和社会可持续发展。目前盐城钢铁产业规模总量实现稳步增长、龙头企业引领作用凸显、产业创新能力显著增强、技术装备水平不断提升。但是也存在产能规模偏小，产业附加值不高、产业链体系不完善，产业生态不够健全等相关问题。加快推动钢铁产业转型升级，实现高质量发展，对于构筑经济发展新优势具有重要意义。

一、发展现状

（一）规模总量实现稳步增长

2022 年盐城钢铁产业产值 1 223.3 亿元，对全市规模以上工业经济增长贡献率达 23.5%。全市建成粗钢产能 462 万吨、在建粗钢产能 135 万吨、锁定粗钢产能 110 万吨，初步形成不锈钢、普碳钢两大品种体系，300 系不锈钢产量位列全国第三，建成国内最大的食品级不锈钢生产基地。

（二）龙头企业引领作用凸显

2022 年，德龙镍业营收 1 353.8 亿元，位列中国制造业民营企业 500 强第 31 位。建成全国最大的不锈钢冷轧生产线，形成“镍铁冶炼—不锈钢冶炼—热轧—冷轧”全流程生产能力。盐城市联鑫钢铁有限公司以 340.27 亿元营收位列中国民企500强榜单第360位，荣获“金杯优质产品”等多项荣誉。两大企业对全行业带动作用进一步凸显。

（三）重大项目建设加快推进①

滨海港铁路支线、10万吨级航道疏浚和响水港、滨海港物流园等重大基础设施配套工程开工建设。德龙镍业不锈钢五连轧和六连轧项目竣工投产、二期135万吨不锈钢连铸板坯项目开工建设、联鑫钢铁3号高炉技改升级。新行不锈钢管材、响盛不锈钢制品等一批精深加工项目加快推进，不锈钢管材、棒线材、制品三大板块全面发力，助推产业能级全面提升。

（四）产业创新能力显著增强

依托东北大学轧制技术及连轧自动化国家重点实验室组建不锈钢产业研究院，启动盐城市钢铁职业技术学院建设，拥有省级企业创新平台4个，建成沿海金属新材料孵化器，入孵入驻企业22家。德龙镍业300系不锈钢产品通过ISO 9001和欧盟REACH认证，联鑫钢铁建成CNAS国家级实验室，入选国家工业企业知识产权应用试点企业，牵头主编的《钢筋混凝土用热轧耐火钢筋》（GB/T 37622—2019）国家标准、参与制定的《再生钢铁原料》（GB/T 39733—2020）国家标准正式印发实施。

（五）技术装备水平不断提升

德龙镍业投资建成国内最大的不锈钢冷轧生产线，拥有国家鼓励、国际先进的RKEF（回转窑+矿热炉）镍铁水冶炼工艺及装备。不锈钢冶炼技术水平和成本控制能力处于国内同行前列。联鑫钢铁全新引进德国西马克细晶粒双高速棒材轧制生产线，螺纹建材尺寸及性能控制能力达到行业先进水平，新一代可循环钢铁流程工艺技术在企业生产中推广应用初显成效。

二、发展困境

（一）钢铁总体产能规模偏小，产业附加值不高

建成产能仅占江苏产能5%，与建设钢铁基地地位不符。产品品种结构

① 盐城市“十四五”钢铁产业高质量发展规划[EB/OL].https://static.cnfeol.com/chart/news/22/0221/20220221135801273l.pdf.

相对单调，产业链条较短，缺乏产品附加值更高的深加工环节，配套能力也不足，没有形成规模化、链条化优势。同时，没有围绕钢铁基础材料，发展钢材深加工以及吸引下游用钢产业聚集，也没有围绕钢铁生产过程中的蒸汽、煤气、固废等发展循环经济产业。

（二）产业链体系不完善，产业生态不够健全

特钢棒、线、板、带、管等产品缺失，尚未涉足机械装备、汽车制造等产业高端用钢领域。钢铁产业链延伸不足，配套产业与钢铁主业发展不协调。钢材与精深加工产业连接松散，相关贸易、服务等产业不发达，运输半径大，无法形成完整钢铁产业生态圈，成为制约钢铁产品提升价值链的重要瓶颈。

（三）技术创新能力不强，创新水平总体较低

企业普遍存在自主创新能力和意识薄弱，创新体系不完善，创新人才短缺，研发投入不足，产学研用协同创新能力较弱，高附加值和高技术含量产品占比较小。德龙镍业和联鑫钢铁研发投入占销售收入比重与国际国内先进企业水平还有差距。企业技术创新还处于吸收、模仿和集成阶段，没有真正起到引领行业发展的作用。

（四）产业人才比较匮乏，绿色发展能力亟待提升

企业员工技能素质与钢铁企业需求不一致，一线技术工人和产品研发人员储备均明显不足，特别是冶金与高端制造领域的领军人才缺乏，严重制约了钢铁行业技术创新和转型发展。此外，随着国家劳动人口结构变化和就业观念变化，人力断档、人才断层、人员老化等矛盾突出，人才招引、薪酬攀高等风险上升。盐城钢铁企业规模相对较小，大部分企业没有按照能源管理体系相关要求进行能源管理体系建设。节能环保水平不高，绿色发展能力亟待提升。

第三节　盐城钢铁产业发展路径

新发展阶段，盐城钢铁产业要立足现有基础、资源禀赋和区位优势，统筹考虑政策导向、市场需求、原燃料供应、交通运输、环境容量和能源保障条件。围绕稳定上游供应链、做强中游生产链、延伸下游应用链，构建规模适度、装备先进、产品多元、布局合理、环保一流、管理高效的现代钢铁产业生态，加快形成“一主一辅三大集群”总体发展格局。

一、发展形势

世界钢铁产业正在经历前所未有的深刻变革。世界经济在深度调整中曲折复苏，钢材需求总量呈稳定波动发展态势，进入增长乏力的平台期，钢铁产能过剩矛盾进一步加剧[①]。国际钢材市场贸易保护主义蔓延，竞争将更加激烈，国际投资贸易规则体系加快重构，钢铁国际产能合作、国际贸易的机遇和挑战并存。铁矿、焦煤等大宗商品的金融属性增强，对价格的影响逐渐加大，不确定因素明显增多。新科技革命和产业变革孕育突破，智能技术、生物科技、大数据技术、新能源技术、宇宙空间技术、量子技术等诸多领域正在取得突破性进展，产业组织和制造方式发生重大变革，工业和服务业的融合，工业与数字化、网络化、智能化技术的嫁接，催生了一系列新业态、新模式、新动能，这将为钢铁工业发展带来新的机遇。

中国钢铁产业进入高质量发展阶段。作为世界最大的钢材生产国、消费国和出口国，我国单位 GDP 钢材消费强度明显下降，钢铁工业将进入生产消费峰值弧顶后半期，钢铁产业单边数量增长阶段已经结束，进入了高质量发展阶段。同时，我国钢铁产业发展不平衡不充分问题依然存在，深化供给侧结构性改革仍是我国钢铁产业发展的重点工作。国家“产能产量双控”“进出口政策调整”“保供稳价”“能耗双控”等一系列政策的实施，加速了钢铁产业向高质量时期低碳阶段演进进程，这将为钢铁工业绿色低碳发展带来新的机遇。

江苏钢铁产业处于布局优化关键时期。江苏是我国重要的钢铁基地，2022年，江苏省的粗钢产量已经达到了1.16亿吨，产业竞争力位居全国前列。

---

① 李新创，姜晓东，周翔，等 . 关于中国钢铁产业深化落实供给侧结构性改革的战略思考 [C]// 中国企业改革与发展研究会 . 中国企业改革发展优秀成果（首届）上卷 . 北京：中国经济出版社，2017：12.

在创新驱动发展战略的引领下，江苏钢铁行业不断加强对新工艺、新技术、新产品的研发攻关，一批关键核心技术、高端特种钢材相继取得突破，产品结构不断优化，优特钢占比达到66%左右，全行业形成了以优质高效钢材为主，规模和特色并重的产品结构体系。随着长江经济带“共抓大保护、不搞大开发”，以及环保限产扩展到长三角地区，江苏省钢铁产业面临环境保护与能源消费双重压力，江苏产业组织结构分散、集中度低，缺乏具有国际领先竞争力的旗舰企业等问题进一步凸显。其他省份沿海钢铁基地建设，以及“一带一路”走出去产能的规划建设，大型钢铁企业集团的重组整合，使江苏钢铁产业转型升级、优化布局的压力进一步加大。到2025年江苏钢铁行业沿江、沿海钢铁冶炼产能比例关系由7∶3优化调整为5∶5的紧迫性进一步增强。

盐城钢铁产业面临跨越发展重要关口。盐城岸线资源丰富，区域位置优越，产业基础好，环境容量大，具备承接江苏钢铁产业布局调整的最佳条件，有利于促进江苏钢铁产业提高竞争力、迈向中高端，实现区域协调发展、高质量发展。江苏省钢铁行业转型升级优化布局推进工作方案提出，要立足打造国际先进的现代化钢铁基地目标，利用沿海港区区位优势和资源禀赋，在盐城滨海新区高起点、高标准推动沿海精品钢基地建设。新一轮江苏沿海地区发展规划进一步明确，优化江苏沿海石化、钢铁等产业布局，推动钢铁、能源等产业加快向临港园区集聚，在盐城滨海港工业园区等建设绿色精品钢产业基地。规划定位为盐城加快构建现代化的钢铁产业体系、促进钢铁行业质量效益全面提升指明了方向，为盐城钢铁产业在绿色转型新赛道上跨越赶超提供了遵循。

二、发展经验借鉴

（一）张家港市钢铁产业发展经验

2021年张家港实现地区生产总值3 030亿元，成为全国第三个GDP总量突破3 000亿元的县级市。第二产业增加值1 550.88亿元，第三产业增加值1 449.58亿元，其中钢铁产业的占比达到2/3。此外由于钢铁工业的支撑和拉动作用，张家港对外贸易增长迅速，2021 年累计完成进出口总额 435 亿美元，同比增长 29.6%，较苏州平均增速高 7.9%。其中，出口总额 182 亿美元，同比增长 28.2%，较苏州平均增速高 4.9%；进口总额 253 亿美元，同比增长 30.6%，较苏州平均增速高 11.2%。

1. 优越的区位优势为钢铁产业提供了便利

钢铁工业具有物流量大的特点。因此，便利的交通物流条件，是推动钢铁产业集聚和发展的必要条件。张家港境内有天然良港张家港港，与世界 150 个港口有货运往来，物流运输优势突出。张家港境内长江岸线 64 km，建有万吨级以上泊位 59 个，拥有近 1 亿吨吞吐能力的港口码头，426 km 的水路巷道。市域内高等级公路四通八达，公路里程达 1 618 km，公路网密度达 209 km/ 百 km^2。物流运输便捷、物流成本低，大幅增强了张家港市钢铁企业的综合竞争力。同时，张家港保税区是全国 15 个保税区中唯一的内河港型保税区。

2. 开放的人才政策为人才“外引”与“回流”提供支撑

张家港依托产业优势，先后发布实施了人才新政 4.0 版、人才企业“攀峰计划”，集聚了各领域大批领军人才。在全国率先发布“创新驱动发展（张家港）指数”，设立总规模 15 亿元的“张家港人才一号母基金”，为城市发展提供强有力人才支撑。在新能源、新材料等新兴产业领域，张家港精准招引大批前瞻型、引领型、紧缺型人才，累计引进培育国家级重大人才计划人才 20 名、省“双创计划”人才（团队）156 名、“姑苏计划”人才 274 名。建立了江苏冶金技术研究院，吸引了国内知名学者、技术专家加盟。

3. 一流的营商环境为产业发展提供有力法治保障

张家港多渠道推进政企互动，成立民营经济统战工作领导小组，建立市领导重点联系民营企业制度，实施企业家沙龙、信息直报、营商环境通报“三项制度”，完善企业诉求快速响应、经济运行协调保障“两项机制”；印发实施《关于加强新时代民营经济统战工作的贯彻实施意见》，打造出“劳动关系三方协作机制”“项目直通车”等服务品牌；成立全国县级首家产权与企业家权益保护中心，在全国范围内率先启动民营企业事前合规建设，强化企业合规评价和政策激励，法治化营商环境持续优化。张家港不仅支持企业发展，还支持企业科技创新，更支持企业的可持续发展，与市内钢铁企业共同组建了江苏冶金技术研究院，诚邀了国内一批在冶金材料领域有高深造诣的知名学者、专家加盟。

（二）江阴市钢铁产业发展经验

据 2021 年江阴市国民经济和社会发展统计公报显示，江阴粗钢和钢材产量已超过 1 000 万吨。全市工业百强企业全年完成营业收入 4 552.12 亿元，实现利润 318.05 亿元，分别占全市规模以上工业企业的 66.3% 和 80.5%。中信泰富特钢集团股份有限公司税务销售超 1 000 亿元，江苏新长江实业集团有限公司税务销售超 500 亿元，江苏西城三联控股集团有限公司、江苏华西集团有限公司税务销售超 300 亿元。

1. 精准定位链式发展，依托骨干企业做大集群规模

近年来，江阴出台了总部经济类企业扶持政策。政策对世界、全国 500 强企业和区内外上市公司在高新区新建总部大楼的，优先安排土地指标；对省市层面新认定的总部企业，加大奖励力度。特钢领域，中信泰富特钢集团、贝卡尔特亚洲研发中心已分别被江苏省商务厅认定为跨国公司地区总部、研发总部。江阴高新区与中信泰富特钢达成战略合作协议，建设“中信泰富特钢主题产业园”，利用中信泰富特钢的资源、研发、管理优势，引进上下游企业。着力引进外资和优质高端价值类项目，并给予落地项目相应优惠政策支持。

2. 聚焦自主创新升级，多元融通提升集群竞争力

江阴不断强化政策扶持，在产业强区 20 条、科技创新 30 条、创新型企业倍增计划等政策基础上，围绕金属新材料领域，设立创新型产业集群培育计划专项资金，支持集群项目立项，设立科技型中小企业技术创新专项资金，重点支持一批特钢新材料企业开展技术创新、产品研发、成果转化。支持一批重点骨干企业联合高校、科研院所等社会资源，建成特钢新材料领域省级以上工程技术研究中心、企业技术中心、重点实验室 23 家。法尔胜建设的国家金属线材制品工程技术研究中心，已制定国际标准 2 项、国家标准 3 项；兴澄特钢研究院被认定为国家级企业技术中心，拥有世界领先的高档次、高

精密试验仪器设备240余台（套）。这些平台在推动企业自身研发创新的同时，也承担了公共服务职能。

3. 拓展“制造+服务”，面向价值链高端提质升级

为推动产业向价值链两端攀升，江阴高新区引导特钢新材料产业集群企业开展个性化定制、现代供应链、产品全生命周期管理等创新服务，同时推动现代物流、科技服务、信息技术服务等生产性服务业发展，促进制造业与服务业在更高水平上有机融合。2019年12月，江阴高新区特钢新材料产业集群被江苏省发展改革委列入产业集群“两业”深度融合试点，拟实施14个重大项目，总投资14.22亿元。主动引导集群制造企业以服务产品全生命周期为目标，从提供产品向提供“产品+服务”整体解决方案转变，实现制造业价值增值。

三、发展路径

（一）加快形成“一主一辅三大集群”总体发展格局

按照《盐城市“十四五”钢铁产业高质量发展规划》路径加快形成“一主一辅三大集群”总体发展格局。“一主”，即以黄海新区616 km^2为载体，以国家级新区为标杆、以省级开发区为目标，推动滨海、响水沿海片区一体化布局、一体化建设、一体化发展。谋划建设东部沿海绿色精品钢基地，全力打造全国高品质不锈钢产业新地标。“一辅”，即以大丰港经济开发区为载体，建设绿色建材及优特钢产业集群。“三大集群”，即以滨海沿海片区为载体，谋划重大项目，承接产能集聚，重点发展面向国家重大工程、新型基础设施建设、新型城镇化建设、高端装备制造等领域使用的精品板材、长材钢铁产品，谋划建设东部沿海绿色精品钢基地。

（二）延伸培育产业链条，聚力推进集群发展

一是积极谋划东部沿海绿色精品钢基地。按照“一条主线、两端发力、协同联动、平台支撑”的总体思路，围绕建设东部沿海绿色精品钢基地主线目标，先行落地符合产业政策要求的钢铁产业链前后端环节。二是全力打造全国高品质不锈钢产业新地标。以构建“一体两翼三中心”的产业格局为主

线，通过提升德龙镍业“一个主体”，重抓金属新材料和智能装备制造“两个片区”，推进产才融合创新中心、加工贸易中心和物流服务中心“三个中心”建设，充分发挥不锈钢产业链条式发展的“发动机、加速器、助推器”作用，着力打造带动区域经济发展的新引擎。三是做优做强绿色建材及优特钢产业集群。按照“一厂、一院、一园区”的总体思路，以联鑫钢铁为龙头、钢铁低碳技术应用研究院为支撑、产业园区为载体，以“绿色、特色、智慧”战略为导向，提升工艺装备水平，完善钢材品种结构，延伸发展产业链条，建立长期稳定高效的资源保障体系，打造具有国内一流竞争力的绿色建材及优特钢产业集群。四是高标准推进特钢精深加工产业园建设。以东台合金材料产业园为核心，强化装备水平高、投资强度高、外向度高、关联度高、竞争优势强的“四高一强”项目招引，推动园区产业做优做强做大。

（三）加快“三个平台”建设，提升生态协同效应

一是打造钢铁产业协同创新平台。依托东北大学轧制技术及连轧自动化国家重点实验室、CNAS国家级实验室等研究机构，联合产业链上下游企业，吸引国内外高校及科研院所、科技服务机构等共同参与，组建沿海钢铁产业技术研究院，开展共性关键技术联合攻关、科研项目孵化及产业化。支持龙头企业、专精特新企业，针对高端细分市场开展面向终端需求的产品研发和服务创新，创新体制机制，打造钢铁产业链创新创业集群，构建“政产学研金服用”融合的创新生态。二是打造原材物料采购共享平台。大力推进废钢高效循环利用，缓解资源环境约束。推动省内龙头企业合作，以钢铁产业园区为核心，建立多点布局、区域辐射的废钢回收网络，共同打造废钢资源综合利用平台，形成线上信息流、资金流与线下物流、商业流融合对接的闭环发展模式。三是打造钢铁产业物流加工配送平台。探索专业化物流加工配送、产业集群物流加工配送、集群中间贸易商物流加工配送模式，综合考虑钢铁企业及终端产品市场布局，引进业内经验成熟的知名企业，建设一批物流加工配送中心，与下游用户建立更加紧密协作关系，充分发挥专业化加工优势，为下游企业提供个性化、便捷化、专业化服务。

（四）强化政策供给，提升要素保障

一是推动政策法规支持。落实国家支持钢铁行业及后续精深加工产业的各项政策措施，从财政奖补、土地供给、税收优惠、技术创新等方面，支持培育龙头钢铁企业、重大项目和保障条件建设。完善钢铁高端产品研发和扶持政策，加快品牌产品自主创新和产业化。结合现代优势产业集群财政和金融支持政策，在领军企业培育、特钢企业培育、企业技术改造、重点产业链项目引进等方面加大对高端钢铁产业的支持力度。二是壮大人才队伍。以实施黄海明珠人才计划为契机，建立钢铁产业“高精尖缺”人才库，通过柔性引进、项目引进、专项资助引进等方式，拓展多元化、高效率的人才引进渠道。以重大项目为载体，支持企业与科研院所、高等院校在学科建设、人才培养等方面开展合作。积极推动盐城工业职业技术学院、盐城技师学校等院校和有条件的培训机构与钢铁企业对接，在职工培训、订单式培养等方面开展多层次的合作，培养高层次技能人才。三是加大政策支持力度。完善区域资本市场体系建设，鼓励金融机构大力开展担保融资、信用贷款以及专利权、商标权等知识产权质押融资等新兴业务。持续优化政银企对接机制，定期开展政银企对接活动，搭建银企融资对接平台，全力服务钢铁产业重大项目、重点企业融资需求。鼓励重点园区探索设立钢铁产业发展基金，加大对钢铁产业链高端领域项目的金融支持。

第六章　盐城汽车产业

汽车产业是国民经济的重要支柱，具有产业链长、关联度高、资金和技术聚集性强、就业面广、消费拉动大等特点，是地区工业和制造业综合发展水平的重要标志。汽车产业作为盐城制造业发展的“脊梁”和建设“强富美高”中国式现代化新盐城的产业支撑，正面临着向价值链高端攀升和向绿色低碳转型的双重重任。加快推进盐城汽车产业规模化、专业化、智能化、绿色化发展，打造并完善汽车全产业链是推进盐城23条重点产业链建设的重要支撑。

第一节　国内外汽车产业发展动态与趋势

汽车行业正在经历巨大的转型和变革，汽车市场已经进入深度调整期，正在经历着从高速增长向高质量发展的转型“阵痛”期。“传统能源”向“新能源”转型，“功能汽车”向“智能汽车”加速转型。在全球新一轮科技革命和产业变革蓬勃发展的背景下，汽车与能源、交通、信息通信等领域加速融合，推动汽车产品形态、交通出行模式、能源消费结构和社会运行方式发生深刻变革，新能源汽车产业面临前所未有的发展机遇。

一、汽车产业发展的国内外动态

（一）全球汽车产业发展动态

1. 全球汽车生产显露“疲态”

根据OICA国际汽车制造商协会统计的数据显示：2005—2021年，全球汽车产量呈先上升后下降趋势，在2017年后开始趋于下降，出现生产疲软的态势。受新冠疫情和芯片短缺影响，2020 年全球汽车工业遭受巨大冲击，汽车产量相较 2019 年下降 15.43%，一度降为 7 800 万辆以下；2021 年又有所回升，全球汽车产量在 8 000 万辆以上（见图 6-1）。

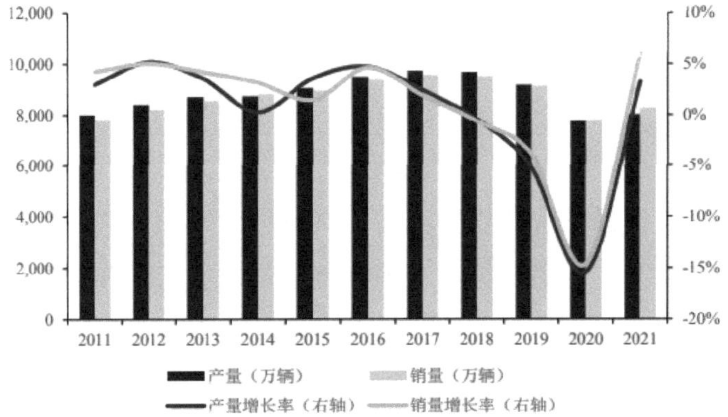

图 6-1　2011—2021 年全球汽车产销量情况（来源：OICA）

2. 全球汽车制造产业向亚洲地区转移

亚洲由于劳动力生产成本较低且劳动力充足，一直是汽车产业建厂、投资的优先考虑区域。近年来，欧洲、北美及大洋洲汽车生产全球占比份额减少，全球汽车生产份额逐渐向亚洲、南美及非洲转移。2021 年，欧洲汽车生产占比 20.38%，北美占比 16.75%，大洋洲占比仅 0.01%。同 2016 年相比，这三大洲全球占比份额分别减少 2.23%、2.34%、0.16%。2021 年与 2016 年相比，亚洲汽车生产占比上升 3.93%，达 58.3%（见图 6-2），表明全球汽车制造产业逐渐向亚洲转移的趋势明显，亚洲汽车制造产业地位逐步升高。

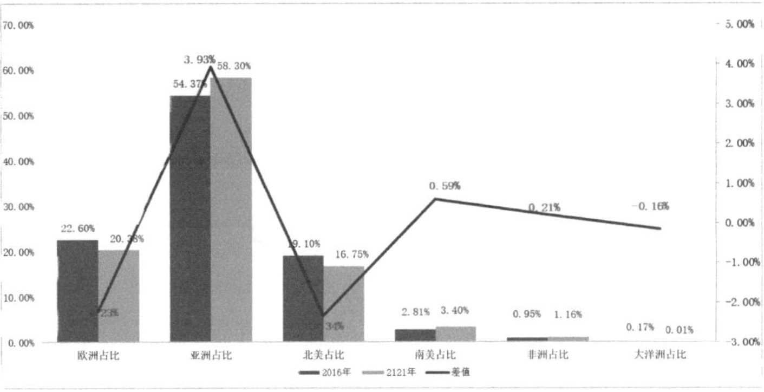

图 6-2　2016 年与 2021 年各洲汽车生产占比情况（来源：OICA）

3. 全球汽车电动化进入快速增长期

随着电池技术持续突破，续航里程问题得到解决，电动化已经是汽车未来发展的不可逆趋势。全球新能源汽车市场规模已进入爆发式增长新阶段。2017 年全球新能源汽车销量首次突破 100 万辆、2018 年突破 200 万辆、2020 年突破 300 万辆，至 2021 年全球新能源汽车销量接近 650 万辆，同比增长 108%，市场渗透率达到 8.3%。其中 TOP20 品牌销量 476.34 万辆，占全球销量的 73.3%，特斯拉连续 4 年全球销量排名第一，达 93.62 万辆，比亚迪排名第二，销量达 59.38 万辆。2022 年上半年，全球销量达 422 万辆，渗透率达到 12%，销量较 2021 年上半年增长 66.38%（见图 6-3）。

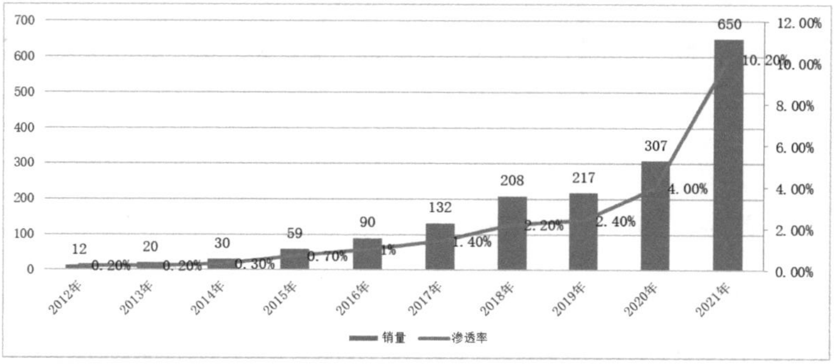

图 6-3　全球新能源汽车销量（万辆）和渗透率（%）（来源：OICA）

（二）中国汽车产业发展动态

中国的汽车工业经过多年发展，已经成为提升我国经济整体实力的支柱产业，在拉动经济增长、增加就业、增加财政税收等方面发挥着重要的作用，也是我国产业结构转型升级的关键因素。产业发展呈现以下几个特征。

1. 整体呈现长期稳定向好的发展态势

中国已建成全球规模最大、品类最全、配套完整的汽车工业体系[①]。从历史规律来看，中国汽车市场发展走势与经济发展走势呈现较强的正相关性。随着国内宏观经济运行进入中低速增长新常态，我国汽车生产规模自 2017 年达到最高峰后，连续多年高速增长的车市自 2018 年开始迎来负增长，并呈现以存

① 刘静榕，杨扬，孙枝鹏，等 . 汽车整车大规模个性化定制的范式及标准需求分析 [J]. 标准科学，2022（4）：44-48，54.

量更新为主的小幅波动。2020 年，受新冠疫情和芯片短缺影响，中国汽车产业链、供应链受到较大程度冲击[①]。2021 年，随着新冠疫情逐步得到控制以及芯片短缺问题缓解，我国汽车产销量相对 2020 年分别增长 3.52% 和 3.88%（见图 6-4）。目前，我国汽车产销量连续 13 年蝉联全球第一，随着我国产业升级和相关支持政策的陆续出台，我国汽车行业仍有较大的增长空间。

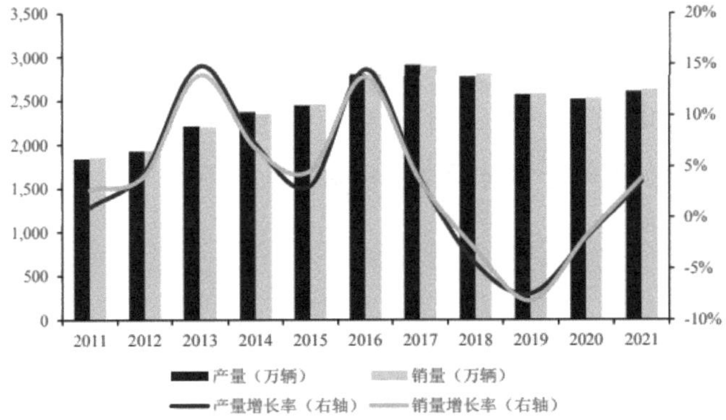

图 6-4　2011—2021 年中国汽车产销量情况（来源：OICA）

2. 管理政策调优推动产业走向高质量发展

深化“放管服”改革，完善生产准入管理等政策，激发企业发展活力，增强发展动力。具体措施如下：一是优化市场准入门槛。如 2020 年 7 月，工信部发布了《关于修改〈新能源汽车生产企业及产品准入管理规定〉的决定》，对设计开发能力、特别公示要求、过渡性条款等原管理规定在三方面进行调整优化，提高企业发展新能源汽车动力。二是提高管理效能。2021 年工信部发布第 12 批《道路机动车辆生产企业及产品公告》及 12 批《新能源汽车推广应用推荐车型目录》，针对缺芯给车辆生产企业带来的实际困难，实行容缺受理、先办后补，压缩审核时间、增加发布频次等便企服务临时措施。三是加强全过程监督。工信部对企业准入的重点监管方向由研发能力转向了生产能力、质量及一致性控制能力、售后及安全保障能力，不断加大监督力度，有效保证了汽车产业和汽车企业的高质量发展，2021 年国内部分上市车

① 邱彬，王芳，刘万祥 . 中国汽车产业发展趋势分析 [J]. 汽车工业研究，2022（1）：2-9.

企财务数据见表 6-1。

表 6-1　2021 年国内部分上市车企财务数据

车企	营业收入（亿元）	同比	净利润（亿元）	同比
比亚迪	2 126.42	38.02%	30.45	−28.8%
长城	1 364.05	32.04%	67.26	25.43%
长安	1 051.41	24.33%	35.52	6.87%
吉利	1 016.11	10.31%	43.5	−21.9%
广汽	456.76	19.82%	73.35	22.95%

数据来源：公开资料整理

3. 汽车产业结构“四化”加速调整

随着新一轮科技革命和产业变革深入推进，汽车与能源、交通、信息通信等领域加速融合，电动化、网联化、智能化、共享化成为汽车产业发展的主流和趋势。2021 年，我国新能源汽车产销突破 350 万辆，产销量连续 7 年位居全球第一（见图 6-5）。自动驾驶过去几年经历了从单车智能到“单车智能 + 车路协同”的技术路线转变，100 TOPS 以上车规级计算芯片即将实现量产装车，长寿命燃料电池系统将实现商用车多场景应用，域控制器将实现由单域控制向跨域融合形态过渡技术突破。未来众多企业将围绕“车城网”持续发力，构建“车、路、网、云”一体化城市“交通大脑”，实现更高级别的辅助驾驶能力。

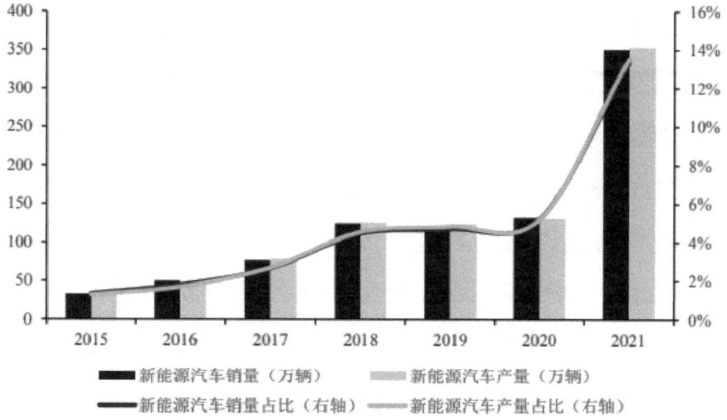

图 6-5　2015—2021 年中国新能源汽车产销量情况（来源：中国汽车工业协会）

二、国内外汽车产业发展总体趋势

（一）总体趋势

从国外看，欧美日等多国设置了汽车电动化刚性目标或禁燃时间表，并持续出台政策和法规加速推动整车及零部件企业向电动化转型。各大跨国车企加快推出新款电动车型，通用、福特、沃尔沃、奔驰等车企提出了区域市场100%电动化的目标。2022年全球新能源乘用车市场首次突破1 000万辆大关，达到10 091 164辆，同比上涨56.4%，渗透率提升至14%。

从国内来看，中国新能源汽车在市场、技术、产业链、基础设施建设等方面均取得了重大突破，已成为全球最大的新能源汽车生产国，形成从原材料、动力电池、整车控制器、激光雷达、智能语音、环境感知等关键零部件研发生产，到整车设计制造及充电基础设施配套建设的完整产业链。2022年我国新能源汽车产销分别达到705.8万辆和688.7万辆，同比增长96.9%和93.4%，市场占有率达到25.6%。

从市场结构看，高低端产品齐头并进的“哑铃形”市场格局加速向“纺锤形”优化。主打高端车型的蔚来、理想、特斯拉在其销量站稳之后，谋划推出更低价格的车型，以期获取更多的市场份额，主打低端市场的哪吒汽车、零跑汽车面临着成本上涨、利润摊薄的现实，正在推出更高利润且兼具走量的高级别车型。

从技术方向看，电动化、轻量化和智能网联化的“新三化”趋势明显。纯电动车型将继续占据新能源汽车市场主导地位，随着插混车型成本得到有效控制，预计2025年前后，插混车型占比将超40%。全固态电池、锂硫电池以及大圆柱、CTC等成为动力电池重要发展方向。以高精度地图为重要基础模块的自动驾驶平台建设，逐渐进入体验、架构、模式同时升级的新时代。

从运营模式看，“产销售后”全生命周期发展态势明显。在“互联网+”和技术深度变革浪潮下，汽车企业逐步实现集制造、销售、售后服务于一体的商业运营模式。商业模式上，互联网、整车、第三方运营等企业共同打造绿色出行、娱乐共享、智能宜驾的汽车生态，分时租赁等线上线下结合的多元营销模式加速涌现。售后维护上，车无忧、车蚂蚁等汽车售后市场第三方公司快速兴起，“互联网＋”加速实现汽车全生命周期跟踪服务。

（二）中国汽车产业发展趋势

1. 区域布局上呈现“两化”演进

汽车产业在区域布局上呈现短链化、区块化演进趋势。在此趋势下，全球将出现一批新的以城市为单元的区域级产业集群。这个产业集群具备一些基本的特征，那就是在集群中有一定的整车规模、市场规模，比如大工厂和大市场，另外也形成了支撑这种世界级产业集群的配套环境，包括人才和物流等环境，这些区域化的供应链集群会成为一个国家汽车产业竞争力的重要组成部分。

2. 上游资源呈现“三高”依赖

一是高度集中化。2020 年固态锂资源的储量智利和澳洲占据了一半以上，镍的储量印尼和澳洲也占将近一半的储量，钴的储量刚果（金）占比高达 44.46%。二是高度依赖性。缺乏上游资源，电动汽车的电动化进程将会严重受阻。三是高度不确定性。这些资源的供给可能受到众多非市场化因素的影响，很可能出现资源领域的“灰犀牛”事件，导致汽车电动化进程的受阻、延缓甚至阶段性的中断。

3. 供应链呈现出“双碳”发展

汽车供应链或者产业链最具备向绿色低碳转型的基础，将成为制造业中能够率先实现碳达峰、碳中和的重要产业领域[①]。所以，在汽车整个链条当中，碳达峰、碳中和已经成为一个必选项，也是企业利用“双碳”建立新的竞争优势的机会。

4. 产业链呈现数字化转型

数字化转型会更加有效地打通供应链之间的协同关系，其特点集中在数字化的研发和规划、数字化的供应链管理和数字化的生产服务、数字化的物流等运营服务，数字化会成为未来供应链企业竞争力的重要来源，也将催生一批数字化的服务企业或者赋能企业，第三方的作用会越来越大。

---

① 中国在全球汽车供应链变革中成为新中心 [N]. 现代物流报，2022-09-14（05）.

第二节　盐城汽车产业发展现状

汽车产业作为盐城支柱产业，盐城市始终把聚力创新作为大力实施“一部车”战略工程的重要抓手，加快建立以企业为主体、市场为导向、产学研深度融合的技术创新体系，推动传统乘用车、新能源汽车和智能网联车多元化发展，打造汽车整车、零部件和服务业“三个千亿”产业集群。但是在汽车产业“降速调整、动能转换”的大背景下，产销规模持续下滑、产业发展后劲不足、智能网联步伐不快问题日趋突出。截至2020年末，全市共有汽车及零部件企业502家，其中规模以上企业184家。2022年盐城汽车产业产值625.7亿元，同比增长19.9%。

一、发展现状[①]

（一）产业结构进一步优化

全市共有整车生产企业7家，产品类别涵盖了乘用车、商用车和专用车等全系列产品，“一部车”战略体系不断丰富。悦达起亚加快转型升级，不断提升品牌战略、优化产品结构，累计投放超20款新车型，凯酷和新一代智跑、傲跑、KX5等主力车型占比达70%以上，累计实现整车销量192万辆，占公司成立以来总销量的32.5%。新能源汽车加速发展，成功引进了华人运通、江苏中车、国唐汽车、北汽摩登等整车企业，华人运通智能网联高端新能源汽车已批量生产，江苏国新、北汽摩登等企业新车型列入工信部《道路机动车辆生产企业及产品公告》。

（二）产业链供应链不断完善

2020年，全市汽车零部件企业实现销售380亿元，与整车销售比从“十二五”末1.1∶1提升至1.8∶1，东风悦达起亚零部件本地配套额占比达70%，零部件对全市汽车产业的贡献占比稳步提升。零部件产业“一主多

---

① 盐城市“十四五”汽车产业高质量发展规划[EB/OL].http://www.yancheng.gov.cn/module/download/downfile.jsp?classid=0&filename=23aa7d461d3b4d32ba60f5879a320821.pdf.

元”模式继续深化，瑞延理化、斗天配件、翰昂、京信电子等韩系零部件企业加大对外市场开拓力度，产能利用率不断提高；佛吉亚、理研、森威、名豪等非韩系零部件企业，实现多元化配套，产销规模不断提升。新能源汽车产业链不断完善，总投资达百亿的SKI动力电池项目竣工投产，捷威、丰盈、广谦等重大项目增长拉动明显。

（三）研发创新能力不断提高

全市现有江苏新能源汽车研究院、长三角新能源汽车研究院等7家研发平台、3个汽车产业孵化器，86家汽车产业高新技术企业、1家国家级技术创新示范企业、23家省级企业技术中心和5家省级智能车间，引入了50余位领军人物和300多名研发人员。重点围绕新能源汽车电机、电控和电池等关键技术，纯电动汽车动力系统，混合动力电驱动系统，氢能及燃料电池系统、动力电池充电、高比能量电池电极等领域，累计授权专利超过300项，形成了碳纤维轻量化、电磁与摩擦制动集成系统、混动多模箱等一批研发成果。

（四）汽车服务业培育壮大

全市现有汽车服务企业4 000余家，初步形成了检测试验、展会赛事、二手车交易及汽车文旅、改装、美容等为支撑的汽车服务产业链。与中汽中心合建亚洲地区测试功能最全、技术指标最先进、道路里程最长的第三方汽车试验场投入运营，并积极抢抓国家新基建和江苏省建设国家级车联网先导区的发展机遇，建设长三角（盐城）智能网联汽车试验场、半封闭测试示范运行区、开放道路测试与示范应用，共同构筑智能网联汽车测试领域的全场景布局。累计建成近3 000个5G基站，构建了较为完善的5G网络基础设施体系。成功举办11届盐城国际汽车博览会，海外海等重点二手车企业落户，推动二手车年交易量超6万辆。

二、发展困境

（一）一企独大，产业抗压能力差

全市七成以上零部件企业围绕悦达起亚开展配套，悦达起亚的产销情况就是全市汽车产业发展的“晴雨表”，产业规模与苏州、南京差距进一步拉大，先后被无锡、常州、扬州赶超，悦达起亚产销量减少导致汽车全产业营收降低（见表 6-2）。

表 6-2 2015—2020 年盐城汽车产业发展变动情况

年度	悦达起亚产销		汽车产业开票销售		
	产量（万辆）	销量（万辆）	销售额（亿元）	占全口径开票销售比重	同比
2020 年	23.2	24.9	589.1	9.1%	2%
2019 年	29.3	29	577.6	9.7%	-8.4%
2018 年	36.1	37	631.1	11.4%	-8.6%
2017 年	35.5	36	690.4	14.5%	-40.8%
2016 年	65	65	1 170.7	25.3%	12.7%
2015 年	61.5	61.6	1 044.7	24.4%	-6.9%

（二）产值不绿，新能源汽车生产体系不完备

全市只有“悦达起亚”和华人运通具有较强的新能源电动汽车生产能力，但是车型较为单一，产能和产值不高，市场认同度偏低，氢能源汽车产业布局尚不完备，充电桩、加氢站等配套设施较少。根据 2023 年 8 月新能源汽车销量排行榜可知，销量前十位的车型中盐城无一企业入列（见表 6-3）。

表 6-3 2023 年 8 月全国新能源汽车销量排行榜

序号	车型	8 月份销量（辆）	环比	1—8 月累计销量（辆）
1	特斯拉（Model Y）	50 955	109.25%	279 476
2	海鸥	32 774	46.03%	80 284
3	AION.Y	26 542	71.75%	125 649
4	比亚迪秦 PLUS PHEV	23 929	9.95%	181 520
5	比亚迪元 PLUS	22 547	3.77%	172 406
6	AION.S	21 843	17.36%	146 269
7	海豚	21 376	-1.15%	183 043
8	比亚迪宋 PLUS PHEV	19 330	0.45%	170 731
9	比亚迪汉	17 971	-14.55%	138 357
10	比亚迪宋 Pro DM	16 119	3.95%	106 787

（三）车辆不聪，智能网联汽车发展滞后

汽车的智能化、网联化、电动化是新兴业态，智能网联汽车将重塑整个汽车产业的生态。智能网联汽车和自动驾驶产业的发展，需要“聪明的车＋智慧的路”，而盐城在智能网联汽车打造和智慧道路建设方面相对滞后，2020 年智能网联汽车产业 TOP 20 榜单中，盐城无一企业入列（见表 6-4）。

表 6-4　2020 年智能网联汽车产业 TOP 20 榜单

名次	企业名称	得分	名次	企业名称	得分
1	蔚来	79.2	11	滴滴出行	64.3
2	小鹏汽车	75.3	12	科大讯飞	64.2
3	华为（智能汽车）	73.2	13	长安汽车	63.4
4	Apollo	70.3	14	小马智行	62.4
5	上汽集团	70	15	地平线	60.5
6	威马汽车	68.7	16	高德地图	60.2
7	理想汽车	68.4	17	高新兴	59.8
8	长城汽车	66.7	18	四维图新	58
9	吉利汽车	66.5	19	中科创达	57.7
10	德赛西威	65	20	图森未来	55.4

（四）链条不全，供应链融合创新能力不足

全市新能源汽车零部件仅有 SKI 等电池头部企业落户，电机、电控仍为空白，在全球汽车零部件百强企业中，仅有摩比斯、佛吉亚、伟巴斯特、伟世通、李尔等 5 家落户盐城（见表 6-5）。供应链生态上，缺乏融合、缺少协同、缺失信任，“链式反应”效应明显。

表 6-5　2021 全球汽车零部件供应商百强榜

序号	企业名称	业务营收	名次	所属国家
1	现代摩比斯（Hyundai Mobis）	250.74 亿美元	7	韩国
2	佛吉亚（FAURECIA）	175.85 亿美元	8	法国
3	李尔（Lear Corp.）	170.46 亿美元	9	美国
4	伟巴斯特（Webasto）	37.67 亿美元	53	德国
5	伟世通（Visteon）	25.48 亿美元	67	美国

第三节　盐城汽车产业发展路径

盐城汽车产业既要做优存量，又要培育增量，促进传统产业转型升级、培育壮大新兴产业、完善产业配套服务环境，以实现汽车产业高质量发展为核心，推动盐城汽车产业向“一核四化”方向发展，实现产业“多元化、高端化、国际化、服务化”，做大做强汽车全产业链。

一、发展形势

全球汽车产业加速转型发展，主要国家及跨国车企加速电动化进程。在

全球新一轮科技革命和产业变革推动下，汽车产业加速向电动化、智能化、网联化转型，全球新能源汽车产业进入快速发展期。2022 年全球新能源车（NEV，包含纯电动车、插电混合式电动车、氢燃料电池车）销售量约 1 065 万辆，同比增长 63.6%。多个国家提出碳达峰碳中和以及电动化的发展目标，尤其是欧盟国家密集出台鼓励新能源汽车产业发展及消费的扶持政策。在电动化、智能化、网联化发展趋势下，既有的产业链、价值链格局将重塑，整车制造定制化、汽车销售直营化、出行服务便利化趋势更加显著，将颠覆既有产业形态、服务模式等。

科技革命助推汽车产业变革，智能网联汽车将成为重要载体。智能网联汽车已成为产业发展的重要制高点，车企加速提升企业及产品智能化水平，构建先进完备的智能网联汽车生态体系，衍生自动驾驶出行服务、数据增值、金融保险等新模式，将极大促进汽车产业增长。软件定义汽车成为引领汽车产业发展的趋势，软件及内容价值比例将持续提升。国际互联网平台及科技企业开启跨界造车，华为、苹果、富士康等通过不同方式进入汽车产业。业外企业通过新视角切入汽车行业，开启智能新能源汽车的崭新时代，助推智能网联汽车加速发展。

全球汽车及零部件加速区域调整，供应链布局趋于区域化、分散化、本地化。精益生产是当前世界汽车企业主要生产模式，专业化分工协作、供应链全球布局、生产制造国际协同的运作模式极大促进了全球产业一体化。新冠疫情作为黑天鹅事件，极大冲击了既有的全球产业格局与运行模式，叠加各国推动制造业回归本国，国际汽车产业加速结构性洗牌，全球供应链趋于区域化、分散化和本地化。

二、发展路径借鉴

（一）上海新能源汽车产业发展经验

1. 强化政策引领

上海市针对新能源汽车产业出台了一系列政策（见表 6-6），引导和推动新能源汽车产业的发展。从产业端看，政策主要集中于几个方面：一是大力支持新能源汽车产业链建设，例如《上海市加快新能源汽车产业发展实施计划（2021—2025 年）》指出要加强关键技术研发，使动力电池与管理系统、燃料电池、驱动电机与电力电子等研发制造达到国际领先水平①；《关于支持本市燃料电池汽车产业发展若干政策》明确提供关键零部件奖励以此推动核心零部件产业化，指出完善全产业链政策扶持体系。二是完善充换电基础设施建设，《关于本市进一步推动充换电基础设施建设的实施意见》和《上海市鼓励电动汽车充换电设施发展扶持办法》等文件致力于推动形成覆盖范围广、实用性强的城市充电网络。三是构建绿色交通能源体系，例如《上海市加快新能源汽车产业发展实施计划（2021—2025 年）》提出公交汽车、巡游出租车、党政机关公务车辆、中心城区载货汽车、邮政用车全面使用新能源汽车，国有企事业单位公务车辆、环卫车辆新能源汽车占比超过 80%，网约出租车新能源汽车占比超过 50%，全面提高公共领域用车电动化程度。

表 6-6　上海市新能源汽车产业相关政策梳理

时间	政策名称
2017 年 9 月	《上海市燃料电池汽车发展规划》
2019 年 1 月	《关于发布 2019 年度上海市鼓励购买和使用新能源汽车实施办法相关操作流程的通知》
2020 年 4 月	《关于促进本市汽车消费若干措施》
2021 年 2 月	《上海市加快新能源汽车产业发展实施计划（2021—2025 年）》
2021 年 7 月	《上海市战略性新兴产业和先导产业发展“十四五”规划》
2021 年 11 月	《关于支持本市燃料电池汽车产业发展若干政策》
2022 年 1 月	《关于本市进一步推动充换电基础设施建设的实施意见》
2022 年 6 月	《上海市促进汽车消费补贴实施细则》
2022 年 9 月	《上海市鼓励电动汽车充换电设施发展扶持办法》
2023 年 1 月	《上海市提信心扩需求稳增长促发展行动方案》

2. 强化链式思维

新能源汽车产业链主要分为上游、中游和下游，其中上游包括锂、钴、镍等原材料和动力电池、电机电控等核心零部件，中游主要指整车制造，下

① 高运胜，金添阳 . 双循环视角下中国新能源汽车出口机遇与挑战 [J]. 价格月刊，2021（9）：55-62.

游包括充换电服务、电池回收等。根据图 6-6 可知，目前上海新能源汽车企业布局覆盖了产业链上游、中游和下游，基本形成了完整的、可持续的全产业链条。相关数据显示，截至 2021 年底，上海共有 13 293 家新能源汽车行业相关企业，在全国各大城市中处于领先地位，占全国新能源汽车企业总量的 3.88%。从企业的区域分布来看，上海市各辖区均有上、下游产业链的相关企业，其中，嘉定区、浦东新区、奉贤区和松江区的产业链布局更为完善。与此同时，为了最大化产业链资源聚集的规模化效应，上海培育了一批新能源汽车产业基地，包括嘉定区的上海国际汽车城同济科技园、科技创新港，闵行区的莘庄工业区、宁德时代未来能源研究院，奉贤区的新能源汽车零部件产业园，浦东新区的特斯拉上海超级工厂、金桥新能源汽车产业基地、上海国际氢能谷等。

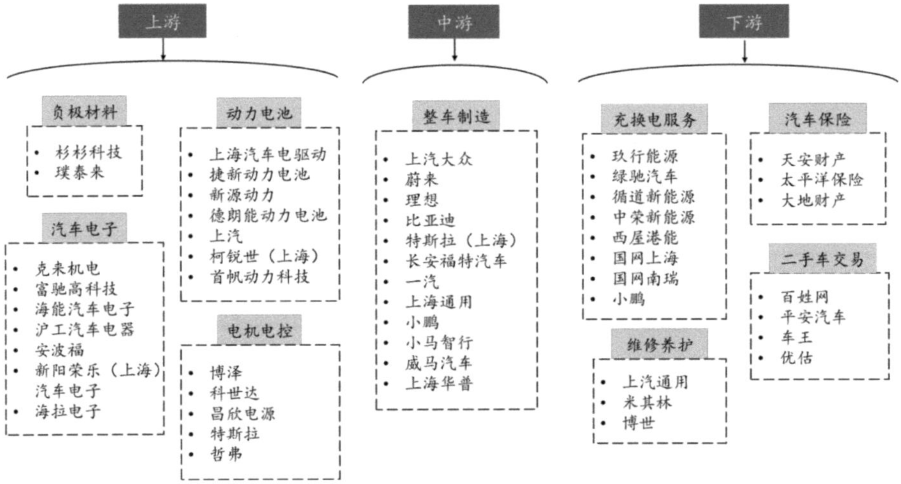

图 6-6 上海新能源汽车产业链部分代表性企业布局

3. 强化创新驱动

上海新能源汽车行业在创新研发方面同样表现不俗。从专利申请量来看，2003—2020 年期间，上海新能源汽车领域专利申请量持续稳定增长，其中 2019—2021 年的专利申请量甚至突破了 10 000 件。截至 2022 年 3 月 14 日，上海新能源汽车企业申请专利 3 853 件，在全国各省市中位列第七，为新能源汽车产业的发展壮大奠定了坚实的基础。从新能源汽车领域学术论文发表情况来看，在 Elsevier Science Direct 数据库中搜索“新能源汽车”“电车”等关键词进行检索发现，2019—2023 年，自上海的高校和科研机构所发表的和新能源汽车相关的学术论文共有 6 020 篇左右，在国内各城市排名中位居第二，仅次于北京。从学术交流活动来看，上海举办过第二届中国新能源汽车热管理国际峰会 2019、第十三届新能源汽车核心电源技术研讨会、2019 第三届中国新能源汽车 NVH 国际峰会等学术活动，不断促进新能源汽车相关发展和实践经验的交流，推动更多有价值成果的创造。

（二）常州金坛区新能源汽车发展经验

1. 把握机遇“窗口”

2014 年前后，常州从全球新能源汽车产业的快速崛起中发现动力电池的巨大前景，决定将动力电池作为重点发展方向。金坛区政府在 2015 年一次性投入 28 个亿引进落地中航锂电项目，而当年金坛的公共财政预算收入仅 36.15 亿元。2018 年，面对亏损的中航锂电，金坛区政府再次顶住巨大压力，组建专业团队对动力电池产业以及中航锂电项目进行了反复论证，果断作出了“抄底”的决策。金坛国资制订了详细的重组方案并直接与中航工业集团敲定细节，以迅雷之势完成子母公司身份调转，将中航锂电从一家洛阳的央企子公司变为常州地方国有企业。目前，常州动力电池企业超 80 家，已建、在建总产能超过 260 GWh，产销量占全国的 1/5，居全国第一，产业规模高达 700 亿元，在全球范围处于领先地位。

2. 善于运用资本助力产业发展

在招引中航锂电落地过程中，金坛区与中航锂电商定新设立的公司注册资本 40 亿元，其中，中航锂电出资 30% 但拥有控制权，金坛区出资 70%。此后，金坛区为项目快速启动提供了充足资金保障，同时又允许中航锂电将知识产权等无形资产作价评估，大幅减少了中航锂电的实际出资金额，既加速了项目落地，又为后续争取中航工业集团的支持打下了坚定基础。中航锂电总部落户金坛区后，金坛区一方面通过各种手段持续作价增资，目前累计投入已经超过 50 亿元；另一方面陆续引进厦门国资、小米长江、红杉凯辰等外部投资者。在这个过程中，虽然金坛国资的股权被稀释，但中航锂电的股权结构持续优化，为健康发展及后续上市提供了有力帮助。同时，金坛区还主动为企业提供担保，帮助企业争取政策性金融支持。

3. 注重通过改革激发企业的活力

在推动中航锂电改革发展的过程中，金坛区起到了关键作用：一是极力推动企业下放管理层级。金坛区认识到央企背景对于2018年的中航锂电更多的是束缚而不是光环，因此其在金坛国资控股后，仍然坚定欢迎外部资本增资，积极推动开展多元化股权改革，激发企业的活力。二是善用专业人士。在充分论证的基础上，选聘了既具有中航系背景又具备改革精神的刘静瑜担任职业经理人，并给予充分的信任和改革自主权。刘静瑜上任后推出多项改革举措，在企业内部推行液态组织理念，突破边界的束缚，最大限度激发组织和个体的创新和创造能力；对核心员工和中高层管理人员股权激励，员工待遇大幅提升，积极性空前高涨。

4. 在服务项目落地上主动担当

在服务重大招商引资项目上，坚持问题导向，以更加担当的精神，更加精准的举措推动项目加速建设。在手续办理上，常州将中航锂电作为市级招商引资重点企业纳入白名单，要求各相关部门在涉企事项办理上开辟绿色通道，全力做好服务。各部门在落实过程中，坚持用服务理念代替把关思维，高效办理各项手续，为企业留下了良好的印象。

三、盐城汽车全产业链高质量发展路径

（一）聚焦多元化发展战略，提升产业抗风险能力

一是继续做大做强悦达起亚，积极推动悦达起亚转型发展。推动悦达起亚乘用车快速理清产品线，调整发展策略，积极引进韩国明星车型，从年轻化、时尚化、运动化以及差异化方面重塑品牌形象，加速转型升级，重回主流赛道。加大政府采购力度，扶持“悦达起亚”电动环卫车、电动物流车、电动邮政车等专用车型发展，形成多系列、宽领域、全品种的专用车研发和制造能力。二是立足SRT，打造新型城市交通全产业链。抢抓中小运量轨道交通系统黄金发展期，依托江苏中车城市交通装备有限公司和兴盐超轨交通

产业龙头，加快 SRT 整车制造产业本地化，构建从研发到运维一体化的新型城市交通装备全产业链，形成立足盐城、面向华东、辐射全国、拓展海外的轨道交通产业集群。三是发力新能源，“抢食”新能源车赛道。依托华人运通大力发展高端新能源汽车，支持其加大批量生产，充分利用国新新能源汽车生产资质，布局中低端新能源汽车领域，抢占新能源市场份额，形成高中低多层次覆盖的新能源汽车产业发展格局。

（二）聚焦风光氢储一体化，打造绿色能源新样板

一是用好“风光”资源，构建“新能源 + 汽车”全产业链。依托远景能源、天合光能等龙头企业，实施“风电与光电立体布局、开发与制造联动发展”战略，构建“能源生产 + 汽车制造 + 能源消费”新型产业生态，完善新能源汽车生态链，拉长产业链条，实现从发电端到使用端的全生命周期绿色化。二是有序推进氢储一体化，培育氢燃料电池汽车产业链。鼓励能源公司及社会资本参与氢能基础设施建设，支持兴邦、天能、绿氢等氢燃料电池汽车关键总成及装备企业加速发展，招引氢燃料电池汽车相关零部件配套企业落户，探索“加氢—加油—加气”综合能源站、“制氢—加氢”一体化示范站建设，加快打造江苏北部“氢谷”。三是发力新基建，加快充换电服务网络建设。按照“车桩相宜、适度超前、智能高效”的要求，推广以智能有序慢充为主、应急快充为辅的居民区充电模式和以快充为主、慢充为辅的公共充电体系，支持以整车企业、第三方运营商为主体探索建设一批换电站，形成服务便利的换电网络。

（三）聚焦智能网联新趋势，推进车路城才协同发展

一是搭建载体平台，提升汽车科技创新能力。依托江苏省新能源汽车研究院、长三角新能源汽车研究院等载体平台，加快人才引进，建设产业研究院、专业孵化器、技术创新联盟，完善研发创新体系及激励机制，推动创新成果转化应用。二是“三智”引领，打造以汽车为载体的智慧城市。依托华人运通盐城工厂，积极引进华人运通“城市之帆”纯电无人驾驶“智车”巴士，构建集高精摄像头、激光雷达、微波雷达及边缘计算于一体的“智路”系统，形成以交通运营监控中心的智慧城市交通运营“智城”系统。三是

“三纵三横”，构建关键零部件技术供给体系。以纯电动汽车、插电式混合动力（含增程式）汽车、燃料电池汽车为“三纵”，布局整车技术创新链。以动力电池与管理系统、驱动电机与电力电子、网联化与智能化技术为“三横”，构建关键零部件技术供给体系，提升汽车智能网联发展水平。

（四）聚焦补齐产业链短板，加快供应链融合创新

一是绘制汽车产业链图谱，找出弱项短板。发挥专班统筹作用，梳理汽车全产业链目录，找出汽车产业链、供应链空白点和弱项短板，针对弱项短板比较集中的领域，通过应用牵引、整体带动、揭榜挂帅等新机制组织攻关。二是链式招商，催生“产业聚变”。依托盐城新能源汽车产业园、韩资工业园等产业园区，积极推动产业链、供应链、创新链、资本链、人才链、政策链“多链协同”，提高“建链、补链、延链、强链”产业招商精准度，促进优势资源与优秀企业有效对接，推动汽车产业集聚盐城。三是互融共生，打造汽车供应链新生态。鼓励已落户企业与新落户企业打开企业围墙，融合发展、协同创新，推进由零部件、整车研发生产及营销服务企业之间的“链式关系”，逐步向汽车、能源、交通、信息通信等多领域多主体参与的“网状生态”演变，打造汽车供应链新生态。

第七章　盐城机器人产业

习近平总书记在主持召开新时代推动东北全面振兴座谈会时强调，积极培育新能源、新材料、先进制造、电子信息等战略性新兴产业，积极培育未来产业，加快形成新质生产力，增强发展新动能。新质生产力，起点是"新"，关键在"质"，落脚于"生产力"。盐城作为江苏沿海发展排头兵，亟须加快构建新发展格局，着力推动高质量发展，迫切需要科技创新做好"动力引擎"、当好"开路先锋"，加快形成更多新质生产力，为建设现代化产业体系注入强大动力。机器人产业作为"制造业皇冠顶端的明珠"，是新兴技术的载体和产业转型升级的关键装备，是推动实体经济高质量发展的重要抓手，也是盐城培育未来产业，加快形成新质生产力的重要着力点。

第一节　国内外机器人产业发展动态与趋势

机器人作为科技创新的璀璨明珠，是衡量一个国家科技创新能力的重要标志之一。随着新一代信息技术的不断发展，机器人与大数据、人工智能、5G等新兴技术不断融合，全球主要工业国家将机器人作为全球技术创新的竞争高地，加快战略布局，丰富技术储备，完善产业建设。拥有强大的机器人技术创新能力，已成为建设世界科技强国的重要条件。

一、机器人产业发展的国内外动态

（一）全球机器人产业发展动态

1. 应用场景不断拓展，市场需求不断提升

随着科技的不断进步，"机器人+"应用场景不断向深度广度拓展。涵盖

了工业制造、医疗护理、教育培训等众多领域，机器人已经成为我们生活中不可或缺的一部分。2022 年全球机器人市场规模达到 513 亿美元，其中，工业机器人市场规模达到 195 亿美元，服务机器人达到 217 亿美元，特种机器人超过 100 亿美元。全球机器人市场规模在 2030 年将达到 1 600 亿至 2 600 亿美元。

（1）工业机器人

工业机器人面向工业领域，通过先进的 IT 与自动化技术来促进制造业的革新，以实现“智能化”，提升效率，降低成本。制造业领域中，工业机器人应用最广泛的领域是汽车及汽车零部件制造业，并且正在不断地向其他领域拓展，如机械加工行业、电子电气行业、橡胶及塑料工业、食品工业、木材与家具制造业等领域中。2022 年全球工厂安装了 553 052 台工业机器人，73% 的新部署机器人安装在亚洲，15% 安装在欧洲，10% 安装在美洲。工业机器人市场规模达 195 亿美元，同比增长 11%。未来，随着市场需求的持续释放以及工业机器人的进一步普及，工业机器人市场规模将持续增加，预计 2024 年将增至 230 亿美元（见图 7-1）。

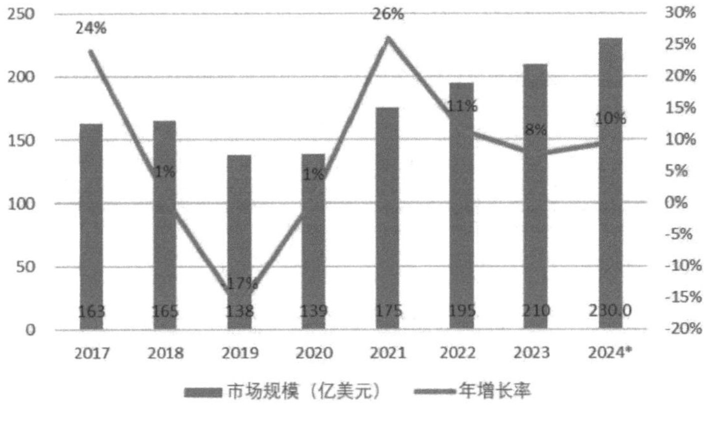

图 7-1　2017—2024 年全球工业机器人市场规模及年增长率

（2）服务机器人

服务机器人可应用在零售、物流、医疗、教育、安防等众多行业和场景，实现引导接待、物流配送、清扫、陪伴教学、安防巡检等多样化、复合型功能。在服务机器人领域，发展处于前列的国家中，西方国家以美国、德国和法国为代表，亚洲以日本和韩国为代表。随着软硬件技术的快速进步，产品持续迭代升级，应用场景和服务模式不断扩展，服务机器人在全球范围内呈现出日益旺盛的市场需求。预计 2024 年，全球服务机器人市场规模将有望增长到 290 亿美元（见图 7-2）。

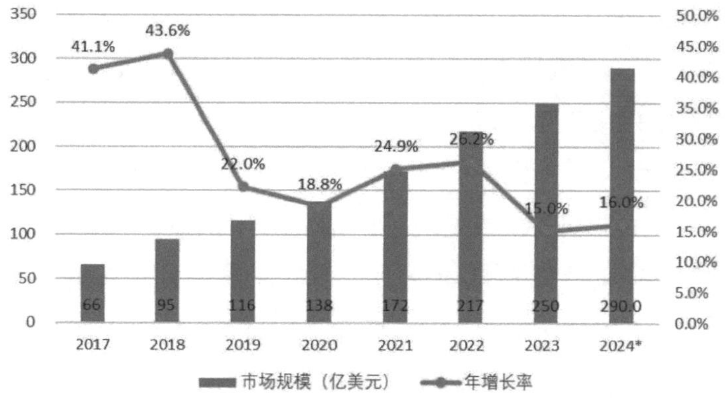

图 7-2　2017—2024 年全球服务机器人市场规模及年增长率

（3）特种机器人

特种机器人是指应用于专业领域，一般由经过专门培训的人员操作或使用的，辅助和 / 或代替人执行任务的机器人。近年来，全球特种机器人整机性能持续提升，在极端环境、危险作业等场景下的操作能力大幅增强，促进太空探测、深海探索、应急救援等应用领域的快速发展。据资料显示，2021 年全球特种机器人行业市场规模为 82 亿美元，同比增长 24.2%。预计到 2024 年市场规模有望增长至 140 亿美元（见图 7-3）。

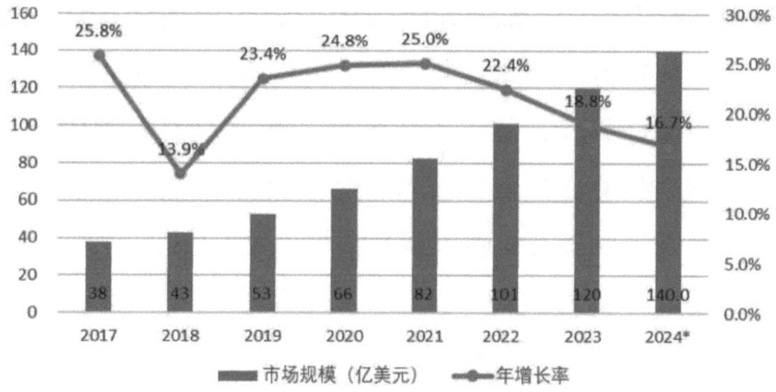

图 7-3　2017—2024 年全球特种机器人市场规模及年增长率

2. 技术融合加速推进，产品创新不断突破

随着大数据、人工智能等新一代信息技术加速突破，人工智能与机器人技术迅猛发展，大模型、机器人与智能制造深度融合，将推动制造业生产方式、发展模式和企业形态发生革命性变革，加速推进新型工业化。机器人能力边界持续拓展从感知智能向认知智能、从智能单机向智能系统加速演进出现协作化、智能化的新趋势。同时，机器人技术正广泛“复制”“移植”至生产装备和生活工具，“机器人化”的工具装备已无处不在。

（1）机器人 + 大模型

大视觉模型和大语言模型的结合为工业机器人的认知智能运动控制带来了巨大的潜力，并在多个领域展现了广阔的应用前景。大视觉模型可以帮助机器人实现高级视觉感知和理解能力，使其能够识别和理解环境中的物体、场景等，并作出相应的运动控制决策。例如，机器人可以通过大视觉模型识别并定位工件，然后根据任务要求进行抓取、装配等动作。大语言模型则可以为机器人提供更加智能化的人机交互能力。通过与人类进行自然语言的交流，机器人可以接受指令、回答问题，实现更加灵活和自然的操作方式。例如，人们可以通过口头指令告诉机器人要执行的任务，机器人可以通过大语言模型理解并执行相应的动作。

（2）机器人 +AI

AI 和 5G 与机器人技术结合，正在不断催生新的消费电子品类。AI 解决机器理解世界、人机交互的问题。5G 拓展机器人的活动边界，并为机器人提供更大的算力和存储空间（云协作机器人）。通过 AI 技术的使用，可通过数据采集、分析、计算，服务机器人能够学习人类的行为，理解人类的意图，与人类产生协作。人脸技术、物体检测、视觉问答、图像描述、视觉嵌入式技术可以帮助服务机器人识别周围环境。AI 芯片技术的发展，使机器人拥有更高算力，AI 深度学习算法，使机器人拥有了智能决策的能力，摆脱了之前单一输入对应单一输出的编程逻辑，也让机器人更加“智能”。AI+5G 拓展机器人的活动边界，提供更大算力和更多存储空间，形成知识共享。

（3）机器人 + 多场景

“机器人 +”应用行动，为机器人产业发展按下“加速键”，拓展机器人应用深度和广度，培育机器人发展和应用生态，有力支撑行业数字化转型、智能化升级。例如“机器人 + 医疗”健康，实现了机器人在手术、辅助检查、辅助巡诊、康复、检验采样、院内治疗、远程医疗及院后康复追踪等整体病程服务体系中的应用。“机器人 + 农业”实现了机器人在自动播种、除草、浇水、收割、施肥、灌溉、土地调查、采摘、分拣等方面的功能。复合机器人实现了跨场景融合，正加速实现“脑、眼、手、脚”协同。

3. 人形机器人崛起，步入发展快车道

人形机器人有望成为继计算机、智能手机、新能源汽车后的颠覆性产品，是引领未来产业发展的使能型战略制高点。生成式 AI 技术的大发展，加速了人形机器人的进化，2023 年是人形机器人产业的关键转折点，2024 年有望成为人形机器人的量产元年。

（1）市场规模巨大

随着大模型不断迭代升级、传感器和机器人技术不断进步，人形机器人的智能化水平和运动能力不断提升，将达到贴近真人水平。2022 年马斯克预计，Optimus 人形机器人将于 3 ～ 5 年内实现量产上市，最终数量将会达到百万级，而成本将降至 2 万美元左右；如果人形机器人和人的比例在 2 ∶ 1 左右，那么人们对机器人的需求量可能是 100 亿至 200 亿个，远超电动车的数量。根据 2023 年 5 月 GGII 发布的报告预测，预计到 2026 年全球人形机器人在服务机器人中的渗透率有望达到 3.5%，市场规模超 20 亿美元，到 2030 年全球市场规模有望突破 200 亿美元。

（2）迭代和进化速度快

2021 年 8 月 AI Day 上，马斯克官宣特斯拉人形机器人 Tesla Bot，还只是几张 PPT 概念图，就连台上跳舞的亮相环节也是由穿着机器人套装的人完成。到第二年的 AI Day 2022 大会上，Optimus（擎天柱机器人）成了当天发布会的主角，无论是搬箱子、给植物浇花，还是在超级工厂里搬砖，Optimus 都能干。到了 2023 年 3 月，Optimus 再次迎来了史诗级进化，其中一个亮点是，

Optimus 从桌子上拿起了一个机械臂并将其固定到位，另一个 Optimus 则将其固定在仍在组装的第三个 Optimus 身上，执行任务敏捷且流畅。仅半年后，在 9 月份的 AI Day 上，Optimus 不仅能够根据颜色对方块进行分类，还能自信地将双臂举在空中，摆出瑜伽姿势，展露出优异的平衡力和协调力。现在，Optimus Gen 2 在运动和操作能力上已更加接近人类水平。

（二）中国机器人产业发展动态

1. 产业规模持续壮大

《“十四五”机器人产业发展规划》提出，力争到 2025 年，我国成为全球机器人技术创新策源地、高端制造集聚地和集成应用新高地。2023 年 1—10 月份，我国机器人产业营业收入超过 1 300 亿元，同比增长 9.3%，机器人产品进出口总额达 26.6 亿美元，同比增长 23%，工业机器人产量达 35.3 万套，服务机器人产量达 643.6 万套，机器人产业整体呈现旺盛发展势头，潜力巨大。到 2024 年，工业机器人市场规模，预计将超过 110 亿美元；服务机器人市场规模将有望突破 100亿美元；特种机器人市场规模将有望达到34 亿美元。

2. 产业发展水平稳步提升

我国机器人产业总体发展水平稳步提升，核心零部件国产化进程不断加快，协作机器人、物流机器人、特种机器人等产品优势不断增强，创新型企业大量涌现。根据工信部发布的数据，我国机器人领域专精特新“小巨人”企业达 273 家，10 家机器人企业成长为制造业单项冠军。从我国机器人领域国家级专精特新“小巨人”企业和上市企业分布来看，机器人优质企业重点分布在京津冀、长三角、珠三角地区，形成了以北京、深圳、上海、东莞、杭州、天津、苏州、佛山、广州、青岛等为代表的产业集群，并在当地优质企业引领带动之下，涌现了一批在细分领域具有较强竞争力的新锐企业。其中，北京、深圳、上海的机器人产业实力最为雄厚，东莞、杭州、天津、苏州、佛山机器人产业逐步发展壮大，广州、青岛机器人产业发展表现出相当大的后发潜力。

3. 应用场景不断丰富

随着“机器人 +”行动稳步实施，工业机器人覆盖了国民经济的 60 个大类和 168 个行业中类。机器人应用领域正加速拓展，并在新能源汽车、医疗手术、电力巡检、光伏等领域的应用不断走深向实，有力支撑行业数字化转型、智能化升级。在新能源汽车领域，机器人应用加快向充电维护环节拓展。在医疗手术领域，机器人辅助手术实施的能力大幅提升。在电力巡检领域，机器人正加速应用于智能电网全流程。在光伏组件领域，机器人在电站运维环节释放应用价值。在物流仓储领域，机器人集群助力仓储系统自动化作业。在室外配送领域，无人配送车实现在特定区域安全运营。在消防救援领域，机器人功能加快智能化应急救援升级。在商业服务领域，云平台助推机器人服务质量大幅提升。

二、国内外机器人产业发展总体趋势

（一）发展总体趋势

1. 智能化

随着机器学习、深度学习、人工智能等技术的发展，机器人可以不断地学习和适应生产环境，不断提高生产效率和质量。未来的机器人将具备更加智能的感知、决策和执行能力，可以实现更加精细化的生产。

2. 网络化

网络化可以将机器人与其他机器人和设备进行通信和协作形成一个智能制造网络，实现更高效的生产和配送，提高工作效率和灵活性。未来的机器人将具备更加智能的通信和控制能力。

3. 协作化

协作式机器人可以与人类共同工作，实现人机协同生产，提高生产效率和安全性。未来的机器人将具备更加灵活的姿态控制和更加高效的人机交互界面，可以更好地适应不同的生产环境。

4. 安全与自主化

机器人将越来越安全化，采用先进的安全技术和设计，确保机器人和人类的安全，提高机器人的可靠性和稳定性。自主导航技术可以使工业机器人在未知环境中自主操作，实现无人值守生产。未来的机器人将具备更加精准的定位和导航能力，可以更好地适应不同的生产场景。

（二）中国机器人产业发展趋势

1. 机器人产业发展韧性增强，保持长期向好态势

根据 IFR 报告数据显示，2012—2021 年，中国市场工业机器人消费量由 2.6 万台快速增长至 27.1 万台，累计增长 9.4 倍，年均增长 30%。2021 年中国工业机器人消费量占全球总量的比重超过 50%，成为推动全球机器人产业稳步发展的重要支撑力量。2021 年服务机器人产量达 921.4 万套，是 2019 年的 2.7 倍。随着医疗、养老、教育等行业智能化需求的持续释放，服务机器人产业规模也在快速扩张。

2. “机器人 +”赋能产业发展，应用场景不断拓展

作为生产工具，工业机器人已成为制造企业实现数字化转型、发展智能制造的核心装备，制造业机器人密度快速提升。从 2012 年的 23 台 / 万人快速提升至 2021 年的 322 台 / 万人，累计增长 13 倍，是全球平均水平的 2 倍以上。工业机器人应用从 2013 年的 25 个行业大类、52 个行业中类扩展到 2021 年的 60 个行业大类、168 个行业中类。从航空航天、汽车、船舶、半导体等高端制造业，到家具、食品、建材、纺织、铸造等传统行业，工业机器人有效解决了精密加工难度大、招工难、用工难以及恶劣环境高风险作业等行业痛点，实现了人与机器的协同发展。以扫地机器人、烹饪机器人、陪伴机器人、康复机器人等为代表的服务机器人走入生活、走进家庭，在教育娱乐、清洁服务、医疗康复等领域实现规模应用，提高生活福祉。特种机器人以高度的灵活性、机动性、适应性，应对复杂环境能力不断增强。

3. 机器人高端化发展进程加快，创新能力不断增强

我国机器人产业已基本形成了从零部件到整机再到集成应用的全产业链体系，核心技术和关键零部件创新有序推进，整机研发及批量制造能力不断增强，产业链应变能力和协同发展能力持续提升。人工智能核心产业规模超过 4 000 亿元，企业数量超过 3 000 家。智能制造领域，深化云计算、大数据、人工智能与制造业融合发展，发布国家智能制造标准体系，建成 700 多个数字化车间 / 数字工厂，实施 305 个智能制造试点示范项目和 420 个新模式应

用项目。《“十四五”机器人产业发展规划》中提出，力争到 2025 年一批机器人核心技术和高端产品取得突破，关键零部件性能和可靠性达到国际同类产品水平。同时提出了机器人核心技术攻关行动、机器人关键基础提升行动、机器人创新产品发展行动、“机器人 +”应用行动等 4 个行动。

第二节　盐城机器人产业发展现状

盐城市以盐南高新区为主战场，强化场景应用牵引，加快布局机器人产业，初步形成集研发设计、生产制造、销售服务于一体的机器人全生态产业链。工业机器人方面，引进（签约）全球领先的智能铆接装备领域头部企业睿恩特机器人、全球独角兽企业极智嘉机器人等一批自主品牌机器人本体企业及关键零部件企业、系统集成企业。服务工业机器人方面，新石器（盐城）智能等企业在物流运输、家政服务等领域已研制出一系列国内领先水平产品；江苏高新兴机器人等部分企业在警用巡逻、环境检测、农业应用等特种机器人研发制造上具有技术优势。

一、盐城机器人产业发展现状

（一）产业规模稳步攀升

盐城市抢抓科技革命和产业变革机遇，将加快机器人产业发展作为新型工业化基地建设和打造高端装备制造产业的重要抓手，形成园区企业“成群”、产业“成链”、发展“成势”产业格局，构建了涵盖工业机器人、无人车、无人船、无人机等多领域应用的终端产品体系。2022 年，全市机器人及相关产业（包括工业机器人制造、特殊作业机器人制造、智能无人飞行器制造、服务消费机器人制造等）开票销售额 12.18 亿元，比上年同比增长 143%。截至 2023 年，企业数量 48 户，比 2021 年 16 户增长 3 倍，其中规上企业 17 户，占比达 35%。

（二）创新能力大幅提升

盐城市围绕产业向“高”攀升、向“新”进军的重大场景需求，坚持实施创新驱动发展战略，持续推进企业创新主体培育，科技创新活力持续释放，创新主体实力整体跃升。2022 年全市机器人企业研发投入累计达到 1.1 亿元，技术合同成交额 1.6 亿元，新增各类专利 208 项。江苏高倍智能三维编织机器人生产的三维编制机打破国外碳纤维编织技术的垄断，获得国家科技进步二等奖，2022 年北京冬奥会的火炬外飘带就是由高倍的三维编织机器人制造而成；知行机器人作为阿里云加速器创新企业参与发布《2022 年中国机器人产业图谱及云上发展研究报告》等。

（三）产业链条逐步健全

盐城全面落实“四个走在前”重大任务，聚焦战略性新兴产业，不断“建链、补链、延链、固链、强链”，推动机器人产业上中下游、大中小企业融通创新，提质增效。目前盐城市机器人上中下游产业链中，上游企业占比 29%，中游企业占比 51%，下游企业占比 20%。上游形成以电机为主的核心零部件制造（电机在上游企业中占比达 46%），中游形成工业机器人、无人车、无人船、无人机等多领域终端产品，下游形成以机器人系统集成与应用为主的企业群体。

（四）园区载体不断完善

盐城市按照“建设载体、集聚项目、提升能级”的发展思路，全力推进平台建设、不断完善园区载体、持续打造创新生态、全面提升园区配套水平、着力夯实机器人产业发展基础。其中，盐南西伏河机器人产业园占地面积 2 800 亩，拥有标准厂房 73 间，载体面积 38.6 万 m^2，集聚机器人企业 37 家（核心零部件企业 8 家，机器人本体企业 10 家，集成应用企业 19 家），近三年园区工业开票销售达 20 亿元。

（五）应用场景持续拓展

盐城市坚持“前端聚焦、中间协同、后端转化”的发展思路，在汽车、电子信息、新能源等行业，大力实施“机器人 +”应用行动，培育发展了一批机器人产品应用示范场景。新石器在盐城建设全球首个 L4 级无人车制造工厂，与中通快递开展战略合作，加快无人配送车在快递领域的规模化应用；高仙机器人采用人机协同作业，在城市道路上自主避障绕障、自动作业清洁、自动倾倒垃圾；高新兴交付50台警用巡逻机器人，在中华海棠园、数梦小镇等场所开展安全巡检工作。安旭机器人实现区域内产业协同，与百佳新材料、景中景涂装等企业深度合作，实现了高风险岗位的人工替代。

盐城市机器人产业经历了“从无到有，从有到多”的发展历程，正处于实现“从多到强”的关键阶段。在近几年飞速发展过程中也存在以下四个方面的问题。一是产业布局较为分散，尚未形成集群发展模式；二是产业规模偏小，缺少龙头企业带动；三是产业链条发展不平衡，企业创新发展能力不足；四是融入国内国际产业循环不够，跨区域联动发展不紧密等。

二、盐城机器人产业发展面临的机遇与挑战

盐城机器人产业发展既面临难得机遇，也提出很大挑战，总体上机遇大于挑战。要认清形势，抓住“新机遇”、抢占“新赛道”、锻造“新引擎”、培育“新动能”、塑造“新优势”、展示“新图景”，围绕智能机器人产业加快形成新质生产力，书写“盐城制造”向“盐城智造”“盐城创造”迈进的美好未来。

（一）发展机遇

国家和省市政策叠加释放发展红利，为盐城机器人产业带来巨大发展机遇。《“十四五”机器人产业发展规划》（工信部联规〔2021〕206号）、《“机器人+”应用行动实施方案》（工信部联通装〔2022〕187号）、《人形机器人创新发展指导意见》（工信部科〔2023〕193号）、《江苏省机器人产业链培育发展方案》、《关于坚定不移推动工业强市促进制造业高质量发展的意见》（盐发〔2023〕5号）等政策文件，为盐城机器人产业“强信心、激活力、稳增长、促发展”提供了强有力保障。当前盐城机器人产业正处于跨越发展的关键阶段，产业政策红利持续释放，有助于引导广大市场主体持续投入，集聚优势资源推动关键技术创新，培育形成新质生产力，推动产业从“跟跑者”跃升为“领跑者”，塑造高端装备制造领域新优势。

人口结构变动催生了机器换人需求，为盐城机器人产业带来广阔市场机遇。人口老龄化、用工短缺、资源紧缺等问题日益突出，倒逼制造业和服务业中用“机器换人”。随着制造业劳动力成本提升，“机器换人”的经济性变

得越来越明显，企业机器人投资回本的年限逐年缩短，为机器人发展带来了巨大的市场潜力和发展空间。盐城以汽车、钢铁等为代表的现代工业实力雄厚，正在向新能源、电子信息、高端装备制造转型发展，节能环保、海洋产业、信息智能等新兴产业正在不断发展壮大，这为“机器人 +”应用场景开发提供了广阔的市场需求和创新实践空间。

重大前沿科技和颠覆性技术的突破，为盐城机器人产业带来跨越赶超机遇。当前，全球重大前沿技术和颠覆性技术快速突破，新一轮科技革命和产业变革深入发展，创新领域、创新方式和创新范式深刻调整，人工智能、元宇宙、区块链、数字孪生、基因编辑、量子技术与机器人产业融合不断加深。ChatGPT 的成功，也为人形机器人带来了发展的拐点，人形机器人与 ChatGPT 的结合有望在工业生产和商业服务中加速应用，带来新一轮的产业变革。盐城将机器人产业列入重点产业链培育行动计划，正依托良好的电子产业基础和强劲机械加工能力，大力实施机器人产业铸链、补链、稳链、扩链、强链工程，构建人形机器人产业发展生态。人形机器人等新技术的出现也为盐城在机器人领域抢占先发优势、实现弯道超车提供了可能。

国内国际双循环新发展格局的构建，为盐城机器人产业带来开放融合机遇。中国已经建立了全球规模最大、覆盖最广的制造业体系，但高端装备产业国产化、自主化水平较低是制约机器人等先进制造业发展的关键因素。在发展双循环的新发展格局下，高端装备自主可控是产业发展的大势所趋，以机器人等为代表的高端装备产业将迎战略机遇期。盐城作为江苏沿海产业发展“排头兵”紧扣“一体化”和“高质量”两个关键词，积极接轨长三角，深度融入东北亚经济圈，全面对接 RCEP，推动企业“走出去、引进来”，全力打造高水平对外开放新高地。为推动机器人相关商品、技术、服务、资本等要素区域内自由流动，形成“贸易创造”效应，提供有效支撑。

（二）面临的挑战

国际秩序和治理规则不确定不稳定性持续增强，加大了盐城机器人产业参与国际循环的难度。当今世界正经历百年未有之大变局，世界处于动荡变革期，国际政治和国际秩序深刻调整，国际格局和治理体系加速重构，外部环境更趋复杂严峻。大国战略博弈加剧，单边主义、保护主义、霸权主义威胁加大，国际贸易和投资规则面临重塑。全球产业链供应链向区域化、本土化、数字化、智能化等趋势加速调整，机器人等高端制造业面临发达国家“高端回流”和发展中国家“中低端分流”的双重挤压，导致盐城机器人产业参与国际循环的困难和挑战明显加大。

高铁时代“同城化”形成对高端人才的虹吸效应，加大了盐城机器人产业高端人才外流的风险。盐通高铁建成运行，形成通往上海、北京、南京、青岛等方向的反 K 形高铁网，盐城进入“高铁时代”，与上海进入“同城圈”。上海、苏州、南京依托强大的产业基础和制度优势等，在资金、人才、科技等方面，对盐城产生虹吸效应，加剧了盐城人口倒挂的局面，特别是高端技术人才流失严重。

龙头品牌市场份额稳固，加大了盐城机器人企业破局难度。从竞争格局看，龙头品牌主推基站类扫地机器人，带动份额持续向头部品牌集中。2022 年线上渠道科沃斯、石头、云鲸、追觅四家品牌销售额市场占有率达 82.2%；米家、美的、海尔、Yeedi 等品牌销售额市场占有率下滑至 13.8%，市场份额进一步萎缩。另一方面，2022 年线上渠道八大品牌销售额市场占有率达 96.1%，份额总和持续提升，进一步压缩新品牌空间。龙头品牌保持对于新技术的高关注度，留给新品牌通过产品技术差异化突破的难度持续加大，新品牌的生存空间被持续压缩，对于行业格局扰动有限。

第三节 盐城机器人产业发展路径

盐城机器人产业正处于跨越发展的关键阶段，要以“排头兵”的姿态和“先行者”的担当，紧扣“一体化”和“高质量”两个关键词，加快优化产业空间布局、提升产业发展规模和企业发展能力，积极接轨长三角，深度融入东北亚经济圈，推动机器人产业从“跟跑者”跃升为“领跑者”。

一、发展形势

从全球看，新一轮科技革命和产业变革蓬勃兴起，AI大语言模型与机器人技术的结合，推动机器人产业向智能化、高端化、集成化和服务化方向升级，机器人产业已步入技术创新密集活跃、应用深度拓展的发展机遇期。美国《国家机器人计划3.0》、德国《工业4.0》、日本《机器人新战略》等国家战略领先布局实施机器人计划，印度、越南等新兴经济体也在积极跟进，布局发展机器人产业，进一步加剧了国际市场竞争。

从全国看，我国已进入新发展阶段，制度优势显著、市场空间广阔、产业体系完备、发展韧性强劲，全社会重视机器人产业、发展机器人产业的共识已形成并持续深化，推动机器人产业高质量发展具有多方面优势和条件。但是，机器人技术仍然存在一定的短板，核心技术和关键零部件依赖进口的情况依然存在。

从全省看，全省各市在机器人产业政策上频繁发力，形成一批机器人重点领军企业、知名品牌和特色产业基地。截至2023年，全省已累计有工业机器人上市企业47家，南京埃斯顿自动化股份有限公司、南京熊猫电子装备有限公司、昆山佰奥智能装备股份有限公司等企业获得国家级标准认定企业。集聚形成吴中机器人产业园等18个特色工业机器人集聚园区。但是在机器人发展过程中“南多北少、南强北弱”的不均衡问题依然严重。

从全市来看，盐城以建设绿色低碳发展示范区为总抓手，深入实施产业转型升级和科技创新系列行动，推进传统产业转型升级，对装备制造业绿色化、智能化、服务化提出了新的更高要求，也为机器人产业发展提供了巨大市场需求。但是盐城机器人产业正处于跨越发展期，总体规模偏小，龙头企业欠缺等问题客观存在。

综合研判，随着“机器人+大数据+互联网”成为全球发展趋势，机器人产业也将迎来新一轮融合创新发展浪潮。未来几年，将是盐城机器人产业发展的重要战略机遇期，要认清形势，抓住“新机遇”、抢占“新赛道”、锻造“新引擎”、培育“新动能”、塑造“新优势”、展示“新图景”，围绕智能机器人产业加快形成新质生产力。

二、发展路径

（一）优化产业空间布局，推进产业协同发展

根据盐城市城市发展空间、产业发展特征，立足产业组织优化和产业链协作，加快打造“一核、两带、多基地”的空间发展格局，全面提升机器人产业对内吸引集聚和对外辐射带动的作用。一是打造西伏河机器人核心承载区。发挥西伏河机器人产业园企业集聚优势，支持和引导工业机器人、协作机器人、医疗机器人、建筑机器人等领域企业进驻西伏河机器人产业园，不断延伸产业链条、完善产业配套。支持西伏河机器人产业园以机器人原创和前沿技术创新为导向引入机器人科技型中小企业和独角兽企业，重点承载前沿技术产业化和平台建设项目，探索未来产业孵化新范式、“超前孵化”新模式，打造一批标杆孵化器，提升硬科技企业孵化能力，打造行业领先的企业孵化和创新创业生态。二是打造“机器人 +”应用示范带。依托沿海地区光伏、风能发电场景，聚焦智能巡检、智能维修、故障检测预警等领域，加快无人机、故障检测机器人等特种机器人应用，打造“机器人 + 新能源”应用示范带。依托东部靠海区域农场果园、渔业养殖、畜禽养殖等农业场景，推广用于研制耕整地、育种育苗、播种等农业特种机器人应用，打造“机器人 + 农业”应用示范带。三是打造机器人产业发展示范基地。支持东台市依托江苏荟轩精工、江苏欧邦、中微特电机等企业，重点发展伺服马达电机、发动机、减速机等机器人关键零部件；支持盐都区依托金洲机械重点发展齿轮、齿圈、行星架等机器人配套零部件，共同打造机器人零部件生产配套示范基地。支持盐南高新区依托云洲、极智嘉、新石器等机器人企业，重点发展工业机器人、特种机器人、运输机器人、清洁服务机器人的整机生产与组装，支持射阳县依托江苏安旭智能科技、江苏德罗智能科技等企业，重点发展机器人本体研发和制造，共同打造机器人“设计—生产—组装”一体化示范基地。

（二）聚焦建圈强链，提升产业发展规模

深入实施产业建圈强链行动，推进优势产业“锻长板、补短板、提能

力”，推动机器人产业高质量发展，打造融入全国产业循环、面向东北亚竞争的盐城未来产业重要力量。一是聚焦优势锻长板。在特种机器人、服务机器人等重点产业领域，量质并举，到2030年打造一批具有国际竞争力的机器人产品，力争部分环节形成领跑优势。实施产业“链长制”，形成发展规划、产业图谱、企业名录、专项政策、创新平台、品牌会展等一体化推进机制。围绕机器人产业链推动供应链、创新链、要素链、人才链等多链融合。开展机器人产业链关键环节、重点企业、重点产品和重大装置补链强链，建立招商企业目录表、攻坚图，创新资本招商、深入链式招商、推行平台招商，开展精准化招商引资。二是围绕长板补短板。针对特种机器人、服务机器人、关键零部件等领域中的薄弱缺环节，制订实施“链主”企业供应商招商计划和短板产品临时储备计划，争取每年引育补链项目50个，重点补齐机器人产业链空白薄弱及头部企业核心供应链环节，提升链环相扣、集群高效的产业链系统能力。精准分析每一类优势机器人的优势产品，绘制产品链图谱，专业化梳理分析产品的上下游配套、左右岸协同关系，精准招引关键环节、核心部件、重点材料项目，提升优势产品、优势企业竞争力。推动“链主”企业整合更广泛区域的上下游要素资源，完善从研发设计、生产制造到营销服务的产业全链条发展体系，大幅提高盐城机器人重点企业、重点产品本区域配套率。三是构建生态提能力。集中优势资源补齐机器人产业发展所需要的技术平台、科学装置、数据中心等关键配套，建立“链主企业＋公共平台＋中介机构＋产投基金＋领军人才”集聚共生的产业生态体系，降低机器人产业链协作配套成本，提高机器人产业链供应链的韧性。坚持全市“一盘棋”，统筹研发设计、生产制造、服务配套布局，推动重点区（市）县、重点园区高水平协作共建优势产业生态。积极推动盐南高新区等地区设立机器人产业基金，探索推行股权投资基金、融资租赁等多元化投入模式，构建“产业＋科技＋金融”的生态模式。

（三）构建梯度培育体系，提升企业发展能力

按照“做强存量、做多增量”的总体思路和“储备一批、培育一批、提升一批”的基本原则，深入开展优质中小企业梯度培育管理工作，精准实施机器人企业梯度培育计划，大力推动机器人企业“小升规”“规做精”“大变强”。一是壮大龙头骨干企业。大力实施《盐城市数字经济发展三年行动计划（2022—2024 年）》等产业扶持政策，对发展前景好、带动能力强的机器人企业，在政策、资金、土地等资源要素上给予倾斜，重点突破汇川电机、新松机器人、优必选服务机器人等行业龙头企业落户盐城。支持极智嘉、高倍智能等机器人产业链龙头企业加强基础研究、技术改造和人才引进，加快技术创新和产业化发展。培育一批自主创新能力强、产品市场前景好、产业支撑作用大的优质骨干企业，培育更多具有自主知识产权的创新型企业，形成一批机器人行业细分领域的隐形冠军企业，建立专精特新“小巨人”企业培育库。鼓励企业针对新技术、新产品进行外延式并购，加快推进机器人产业企业股份制改造和上市挂牌，充分利用资本市场力量促进企业做大做强。二是培育本土中小企业。引导优质中小企业注重专业化、差异化发展，在机器人整机、零部件和系统集成等细分领域深耕发展，形成由专精特新“小巨人”、单项冠军、独角兽等优质企业组成的企业方阵。支持市域内企业与国内外知名企业、高校和科研院所结为战略伙伴，引进外部科技创新资源，针对当前机器人通用性程度不高的特点，开拓细分领域市场，加快开发先进技术和产品，扩大市场份额，提升品牌影响力。鼓励链主企业向本地中小企业开放供应链，以优势产品（服务）为核心，带动相关中小微企业发展壮大。鼓励银行、政策性担保机构、资金管理机构，共同设立“中小企业投融资服务平台”，面向中小型机器人企业开展银行贷款、融资咨询等金融服务，搭建融资绿色通道。三是推动传统企业升级。推动传统产业从“制造向智造”转变，引导金洲机械、秦贵智能等装配工艺水平高、研发创新能力强的本土机械装备企业进行装备更新和技术改造，衍生出一批行业重点企业，提升机器人产业链配套能力。发挥盐城市新能源汽车产业链优势，引导电池、摄像头、芯片等新能源汽车供应链企业向机器人用电池、机器视觉、芯片等领域拓展，实现与机器人产业协同发展、共通共用。

（四）深化区域交流合作，推动跨区域联动发展

抢抓长三角一体化等战略机遇，发挥盐城面向东北亚、接轨上海、融入长三角的区位优势和巨大消费市场，建设高效分工、特色鲜明、优势互补、良性互动的机器人产业协同发展局面，构建面向国际的开放型机器人产业体系。一是融入长三角机器人产业发展格局。实施品牌联名、产业联盟、平台联建、项目联推、制度联创的接轨长三角“五联行动”，加强上海五区（浦东新区、静安区、徐汇区、闵行区、金山区）、苏州三园（苏州工业园、吴中区机器人产业园、昆山高新区机器人产业园）等战略合作，主动承接长三角机器人产业转移，探索“沪苏（苏州）总部＋盐城基地”“沪苏（苏州）研发＋盐城制造”的合作模式。支持机器人企业优先在长三角地区构建供应链配套体系，构建紧密产业协同和产业链配套，提高产业链供应链抗风险能力。支持龙头企业牵头和参与区域产业协同创新网络，在标准制定、应用示范、产业链对接、人文交流、重大活动开展等方面全面深化合作。进一步深化与长三角高等院校、科研院所的合作，搭建人才交流、科技合作的平台，推进科技成果转化，通过借势借智借力，加速机器人产业链和创新链精准对接。二是强化产业链供应链国际合作。积极发挥多双边合作机制的引领作用，加强与世界级产业机器人产业集群的对接，深化国际产能合作，构建互利共赢的机器人产业链供应链合作体系。充分利用国内国外两个市场、两种资源，支持有条件的机器人产品和解决方案“走出去”开拓国际市场，鼓励国外投资者“走进来”在盐城设立创新中心、销售中心、加工基地等，合理构建开放、稳定、安全的机器人产业链供应链。建立既嵌入全球价值链，又能对核心技术环节和价值增值环节进行一定控制的国际合作新格局，形成具有更强创新力、更高附加值、更安全可靠的机器人产业链供应链形态。三是营造良好的产业发展氛围。加快营造市场化、法治化、国际化一流营商环境，支持各区（市）县搭平台、建机制，办活动、聚资源，强服务、优生态，纵深推进优化营商环境工作。加大电视、报刊、网络等媒体，对全市机器人产业发展、典型应用、相关政策等进行广泛宣传和政策解读力度。办好中国“机器人＋新能源”产业发展大会，举办长三角机器人产业招商活动，积极承办中国机器人产业发展大会、中国机器人协会年会、全国机器人标准研讨会等，组织机器人企业参加世界机器人大会、中国国际服务贸易交易会、中国国际中小企业博览会、APEC 中小企业技术交流暨展览会等国内外专业展会和大型经贸洽谈活动，提升盐城机器人品牌影响力和竞争力。

展望篇

第八章　打造先进制造业集群

2023 年 3 月 5 日，习近平总书记参加江苏代表团审议时指出，坚持把发展经济的着力点放在实体经济上，深入推进新型工业化，强化产业基础再造和重大技术装备攻关，推动制造业高端化、智能化、绿色化发展。要实现制造业攀升，就需要有一支具有引领和支撑作用的国家先进制造业集群。晶硅光伏、风力装备产业作为盐城能源绿色转型“碳路先锋”和打造“四个绿色盐城”的地标产业集群，具备打造国家级先进制造业集群基础。

第一节　盐城先进制造业发展现状

盐城大力实施“三市”战略，坚定走好“两海两绿”路径，积极建设“四新盐城”，聚焦产业培植，突出企业培育，加快项目建设，强化创新驱动，制造业综合实力显著增强，产业结构持续优化，综合竞争力进一步提升，为先进制造业集群打造奠定了坚实基础。

一、总体概况

（一）规模总量再上新台阶

“十三五”期间，盐城制造业开票销售年均增长 8.6%，2022 年，盐城市规模以上工业开票销售突破 8 000 亿元，同比增长 19.4%。全市开票销售 10 亿元以上工业企业达 96 户，合计开票超 4 700 亿元，同比增长 32.5%，占规模以上工业开票销售 59.1%。其中超百亿元企业 13 家，较 2021 年增加 6 家，50 亿～ 100 亿元企业 6 家，20 亿～ 50 亿元企业 30 家。

（二）产业结构实现优化升级

坚持产业强市，强化主导产业支撑，推动产业“调优、调高、调强”，2022年全市四大主导产业开票销售4 858亿元，同比增长25.9%，占规模以上工业开票销售60.3%，较2021年提高4个百分点。钢铁产业、新能源产业开票销售超千亿元，新能源产业、电子信息产业分别增长64%、25%。汽车产业转型步伐加快，2023年8月份悦达起亚整车出口业绩为10 008台，同比增长148%。华人运通新能源汽车正式下线，在中国市场连续多个月夺得50万元以上豪华电动车销量冠军，并成为2022年的总销量冠军，SKI动力电池一期10 GWh建成投产。钢铁产业开票销售超千亿元，德龙镍业入围中国民营企业500强，联鑫钢铁入围中国制造业民营企业500强。新能源产业规模持续壮大，龙头企业加速集聚，产业链条日趋完善，已成为江苏最大、全国重要的海上风电开发和风电装备制造基地；盐城光伏电池和组件产量占到全国的11%、全球的8%。电子信息产业蓬勃发展，年均增速保持20%以上，机械、纺织、化工等传统产业在加快转型中焕发新活力。

（三）创新能力不断增强

截至2022年9月，建成省级以上企业技术中心255家。根据工信部第五批专精特新“小巨人”企业名单公示，盐城市新增33家，新增数居全省第七位，较去年新增数实现翻番，累计培育“小巨人”达61家。建成清华大学校外首个国家工程实验室、中科院高通量研究院、金风科技国家风电实验室、江苏新能源汽车研究院等一批高层次产业创新平台。

（四）融合发展水平大幅提升

“十三五”期间，工业互联网、智能制造等新模式新业态加快发展，“盐城制造”加快向“盐城创造”“盐城智造”转变。建成润阳光伏、东山精密2家省级智能示范工厂，47个省级示范智能制造车间；引进上电科、德国博世力士乐共建上电科江苏分院、盐城智能制造联合创新中心。累计培育5家省重点工业互联网平台、5家省级工业互联网标杆工厂；获评399家星级上云企业，其中五星级上云企业8家。创建省级服务型制造示范企业23家，省级以上工业设计中心17家。

（五）绿色集约发展成效显现

坚持生态优先、绿色发展理念，新能源发电量占全社会用电量 50%，创建国家绿色工厂 7 家、绿色园区 1 家，省级绿色工厂 3 家。积极淘汰纺织、印染、轻工等低效产能，累计化解船舶过剩产能 187 万载重吨。推进化工产业安全环保整治提升，关闭响水化工园区，取消阜宁高新技术产业园区化工定位，关闭低端落后化工生产企业 190 家。扎实开展园区“等级创建”，优化整合认定首批 11 个市级工业园区。开展“三项清理”，先后处置各类土地 3.24 万亩、低效厂房 292.3 万 m^2。

二、盐城制造业链式发展情况

为提升产业链现代化水平，构建支撑高质量发展的现代产业体系，盐城市制订《重点产业链培育行动计划》，提出聚力打造晶硅光伏、风电装备、不锈钢、动力电池、大气污染防治设备等 5 条规模较大、龙头突出的地标性产业链，着力发展精密结构件、印制电路板、石油机械、车联网、粮油果蔬加工等 8 条发展特色显著、有一定影响力的优势产业链，培育突破光电显示、集成电路、轨道交通、工业互联网、高性能纤维及复合材料、海洋工程装备、绿色建材、海洋生物等 10 条市场发展前景较好、具有较强成长性的潜力产业链，形成“5+8+10”产业链梯次培育格局。

2023 年盐城 23 条产业链发展势头良好。1—7 月份，全市 23 条地标性产业实现规模以上工业产值 3 158.1 亿元，同比增长 7.2%。其中晶硅光伏产业产值 709.1 亿元，增长 21.5%，动力电池产业产值 179.3 亿元，增长 127%。到 2025 年，23 条产业链全部超百亿元，总体规模超 8 000 亿元，占规模以上工业比重超过 70%。

第二节　先进制造业集群建设的经验借鉴

2023 年 3 月 21 日至 22 日，中共中央政治局常委、国务院总理李强在湖南调研并主持召开先进制造业发展座谈会。李强指出，坚持优化布局、集群发展，加快中国制造向中国创造转变、中国速度向中国质量转变、中国产品向中国品牌转变。这是李强担任国务院总理以来，首次到地方调研，考察了中车株洲电力机车、株洲硬质合金、湖南山河科技等株洲企业，对株洲先进制造业成就给予充分肯定。株洲作为制造名城，其轨道交通装备、中小航空发动机获评国家先进制造业集群，先进硬质材料、陶瓷、电力电子器件、服饰、高分子新材料跻身省级产业集群，国省集群数量位居全省第一。建市70多年来，株洲制造产品“从无到有”、体系“从残缺到完备”、结构“从低端到中高端”的发展经验，值得盐城借鉴。

一、株洲先进制造业集群建设成就

湖南全省共计71个集群，其中国家级集群4个、省级集群19个、省级集群培育对象26个。而株洲拥有国家级集群2个、省级集群5个、省级集群培育对象1个，在全省占比分别为50%、26.3%、3.8%。先进制造业实力位列全国城市第36位、中西部地区第8位。国家级专精特新“小巨人”企业58家，总数居中西部非省会城市第1位。重点“小巨人”（比国家级“小巨人”更稀有）企业25家，按照每千亿元GDP对应的重点“小巨人”数量计算，重点“小巨人”企业单位密度居全国第一。

（一）建成全球最大的轨道交通装备研制基地

株洲是全球最大的轨道交通装备研制基地、全国最大的轨道交通装备产业研发生产和出口基地，提供轨道交通器件、部件、系统到整机、大系统的全寿命周期系统解决方案。全市汇聚中车株机、中车株洲所、联诚集团等300多家骨干企业及配套企业，本地综合配套率超80%，形成了全球相对最完备的集轨道交通产品研发、生产制造和营运维保、物流配套于一体的全产业链条，构建了安全稳定的产业链供应链体系。轨道交通装备产业集群的产品出口到全球70多个国家和地区，电力机车全球市场占有率27%，位居全球第一。

（二）建成全国最大的中小航空发动机研制和生产基地

株洲是全国最大的中小航空发动机研制和生产基地、全国唯一的中小型航空发动机特色产业基地、全国首批湖南唯一的国家通航产业综合示范区，构建了国内最完整的中小航空发动机研发设计、试验验证和生产制造体系，聚集了中国航发动力机械研究所、中国航发南方公司、山河科技、南方宇航等一批骨干企业，形成集中小型航空发动机研发制造及维修、通用航空飞行器制造、航空配套产业和航空衍生产业于一体的产业链。目前，株洲产的中小航空发动机、轻型运动飞机国内市场占有率分别达 90%、75%，累计交付活塞、涡轴、涡桨等各型发动机 17 000 多台（套）。

（三）建成全国最大的硬质材料研究、生产和出口基地

株洲长沙先进硬质材料产业集群，拥有国内顶级技术载体，包括以中南大学为依托的粉末冶金国家重点实验室、粉末冶金国家工程研究中心、株洲硬质合金集团国家重点实验室等国家级技术创新载体 16 个，国家级材料分析检测中心 3 个，博士后科研工作站 5 个，省级技术创新载体 57 个，集群内产品种类多、产业链完整，已成为我国最大的硬质材料研究、生产和出口基地。

二、株洲先进制造业集群建设经验[①]

株洲市突出“四动”、提升“四力”，扎实做好“聚焦、裂变、创新、升级、品牌”文章，大力推进产业链群建设，形成了一套有特色、有效果、可借鉴的“株洲经验”。

（一）高位推动，提升集群吸附力

株洲市委、市政府成立“三个高地”指挥部，统筹推进产业链群建设与制造业发展，构建以轨道交通、航空动力、先进硬质材料三大优势产业为核心，以电子信息、新能源、高分子新材料为重点，以升级陶瓷、服饰等一批传统产业和培育功率半导体、北斗应用等一批新兴未来产业为支撑的“3+3+2”现代产业体系。加快推动产业链上下游协作、大中小融通、产供销协同。“3+3+2”产业体系集聚了“链主”企业和大量关键配套企业，拥有上中下游企业 4 351 家，从业人员达 56.12 万人，轨道交通装备、中小航空发动机本地配套率分别达到 80%、60% 以上。

---

① 新时代新征程新伟业 株洲两个产业集群成为国家重点培育对象 [N]. 新闻株洲，2022-11-28.

（二）创新驱动，提升企业竞争力

株洲市积极发挥“厂所协同”创新优势，编制产业链技术创新路线图、关键共性技术攻关清单，引导集群龙头企业联合科研院所，组建创新平台，开展集中攻关。实施加大研发投入三年行动计划，市财政科技支出年均增长 20%，轨道交通装备、中小航空发动机集群研发投入强度分别达 11.2%、15.3%。实施百项科技成果转化工程，强化技术产业化、产品市场化的服务保障，推动技术变产品、产品变商品。轨道交通装备集群已建成国家先进轨道交通装备创新中心等平台 128 家，主导或参与制定国际标准 86 项、国家标准 113 项，诞生了全球最大功率电力机车等一批高端装备，电力机车、机车电机等产品市场份额全球第一。中小航空发动机集群已建成直升机传动技术国家重点实验室等平台 105 家，牵头或参与制定国家和行业标准 1 583 项。

（三）改革联动，提升园区承载力

株洲市不断推动国资国企、投融资体制、要素市场化配置等重要领域和关键环节改革突破，主动对接湖南自贸区，重塑铁海联运新通道优势，推进高水平引进来，持续深化“链园协同”“以园聚链”，株洲市强力推动园区管理体制、财政体制、绩效薪酬、市场化运营、“放管服”等重点领域改革，开展园区亩均效益评价，加快孵化器、加速器、创新创业园建设，打造北斗产业园、工业软件园等一批专业特色“园中园”。纵深推进园区审批权限放权赋权和产业项目改革服务机制，从原来的“我要开工”一件事，拓展到“我要竣工”一件事，把从启动竣工验收到房屋不动产首次登记涉及的 20 余个部门、需 3 个月才能办结的系列事项，缩短集中在 5 个工作日“一站式”办结，在全省率先实现“竣工即交证”，企业开办 6 个必要环节已整合为 1 个环节，办理时限缩短至 0.5 个工作日，个体工商登记实现“当场即领证”。

（四）生态带动，提升品牌影响力

株洲市制定市级“招商引资 28 条”“人才 30 条”等政策，强化政策看得懂、好操作、能兑现。设立 200 亿元的产业发展基金，举办政银企对接活动 60 多场次，落实企业贷款 179.3 亿元，同时完善检验检测、计量认证体系，建成中小航空发动机整机风洞试验装置，加快建设极端力能大科学装置，培育了以3名院士、42名国家突出贡献专家领衔的高层次人才队伍。在市场主体培育年、干部能力提升年活动中，建立“企业办事不求人”“园区办事不出园”工作机制，构建了线上线下一体协同的服务体系，推动轨道交通产业以算法、器件、材料为“根”，裂变出新材料、新能源、永磁动力、功率半导体等八大产业，其中高分子新材料产业规模近300亿元，风电装备规模已突破百亿元。

第三节　盐城打造先进制造业集群的路径

《盐城市重点产业链培育行动计划（2022—2025年）》提出“进一步提升盐城产业链发展水平，推进产业基础高级化和产业链现代化，增强产业核心竞争力，构建支撑高质量发展的现代产业体系。晶硅光伏、风力装备2个产业集群，作为盐城能源绿色转型“碳路先锋”和优势创新产业集群要力争进入“国际队”，动力电池、集成电路与ICT、工业互联网3个产业集群，作为新兴潜力产业要加快培育使其成为省级集群培养对象，石油机械、粮油果蔬加工等多个特色产业集群要提档升级，建立起梯度清晰、竞争优势突出的“2+3+N”创新产业集群体系。

一、建设目标

“实施一批具有战略性、标志性、引领性的重大项目，加快推动产业链从‘零散’到‘链式’的突破，从‘链式’到‘集群’的提升。”“到2025年，重点产业链创新能力、协同发展能力、智能化水平明显提升，产业链规模效应日益显现、产业能级显著提升，打造一批具有全国影响力和竞争力的产业链，不断增强产业集群竞争力、创新力、控制力，逐步形成良好的产业发展生态。”

二、影响盐城先进制造业集群发展的关键问题

（一）链条化不足，尚未形成“产业森林”生态

盐城市建湖县油气钻采井口装备产业集群、东台市特钢材料产业集群、

射阳县风力发电及装备制造产业集群、响水县不锈钢产业集群等4家入选省级中小企业特色产业集群。但是集群内部也存在企业之间业务关联性和技术关联不大，缺乏明确的产业分工和产业特色，不能形成完整的产业链上下游配套，不能够快速打通从创意、小批量试制到批量生产的全流程等问题，难以形成各种能够推动企业有效互动和相互促进的公共机制。

（二）协同化不足，尚未形成“价值共创”生态

盐城在产业发展的区域发展不均衡，内部县域之间缺乏能够实现产业协调的内在动力。与上海、常州开展南北合作共建园区以来，仍没能打破行政边界限制，企业之间缺乏显著的协作配套，知识和技术溢出效应无法有效释放，集群协同优势无法充分发挥和利用。

（三）高端化不足，尚未形成“创新活力”生态

盐城加快布局新能源汽车及核心零部件、新能源、新一代信息技术、新材料、大健康等产业，推动产业高端化、智能化、绿色化发展，构建现代化产业体系，但是在关键技术方面，电机、驱动器、隔膜材料以及核心零部件和关键配套设备需要进口。全市2022年编制发布的《2022年市产业链关键核心技术攻关重点项目及指南建议》中有120项“卡脖子”核心技术需要攻克。

（四）国际化不足，尚未形成“全球化品牌”生态

由于缺少一批创新能力强、拥有核心关键技术、具有国际竞争力的“世界级”大型跨国企业、行业领军企业和特色“单打冠军”企业以及世界知名品牌企业，导致产业集群品牌的国际影响力不足。2023世界品牌500强中国企业名单中盐城无一家入围。

三、盐城打造先进制造业集群的路径

（一）以“链”聚势，提升集群发展力

一是实施招商补链工程，推动短板产业补链。精准梳理产业链图谱，瞄准薄弱和缺失环节，发布先进制造业集群招商引资指南，对于产业链缺失的关键项目、技术、平台和人才，鼓励各市探索试行招商引资“揭榜挂帅”制度，对引进的重大补短板项目，按照“一事一议”方式给予重点支持。抓住国际产业链重构契机，在关系产业安全发展领域加快补齐短板，提升战略性资源供应保障能力。二是实施标志性产业链突破工程，推动优势产业延链。全面深化“链长制”，锚定高端化、智能化、绿色化，加大优势产业项目引育力度，集中打造23条重点产业链。提升传统产业集群精深加工能力，推动产业链向终端、高端环节延伸，鼓励传统资源型集群加快向战略性新兴产业集群转型。三是实施“一链一策”重点行业改造提升工程，推动传统产业升链。推动传统企业“智改数转”，引导企业开展“设备换芯”“生产换线”“机器换人”，通过加装“数字引擎”，加大技术改造力度，加速科技创新，推动传统产业的产业链条升级、产品升级、工艺升级、功能升级。四是实施新兴产业培育工程，推动新兴产业建链。聚焦新一代信息技术、人工智能、生物技术、新能源、新材料、高端装备、绿色环保等领域①，打造新技术应用场景，做强“5+2”战略性新兴产业集群体系，构建新产业发展生态。

（二）以“招”为引，扩大集群规模

一是抓好“三个关键”，着力破解招什么、去哪儿招、怎么招的问题。聚焦晶硅光伏、风力装备、动力电池，推行“链长制”，引进一批头部企业、“链主”企业。聚焦东、南、北三个方向，深耕细作南部的长三角、珠三角、粤港澳大湾区，北部的京津冀地区，东部的韩国、日本国家，招引一批强链、补链、延链项目企业，加快构建一批新的增长引擎。全力做好龙头招商、平台招商、资本招商、数字招商等，不断提升招引质效。二是统筹“三大策略”，做好抢先机、引增量、优存量三篇文章。要立足当前、着眼未来、紧盯前沿，先思先谋、善思善谋，抢抓能源转型和产业数字升级新机遇、新模式；要超前谋划目标企业、优质项目，做好市外增量的招引；要切实服务好本地企业的高质量发展，促进大中小融合发展，持续壮大优化存量规模和质效。三是突出“三个坚持”，推动招商引资项目建快、建优、建强。坚持资源跟项目走，把更多资金、土地、用能、金融等要素硬指标向“集群”项目集聚；坚持“产出思维”招引项目，突出亩产均值、综合效益，着力招引质量高、效益好的企业；

① 刘俊鹏，梁彩华．以战略新兴产业为引擎 推动产业结构优化升级 [N]. 中国航空报，2021-07-16[A08].

坚持“用户思维”优化服务，努力构建“引进一个、建好一个、带动一批”的招商格局，力争每季度签约一批、动工一批、投产一批重大产业项目。

（三）以“创”为领，推动集群升级

一是推进“三大中心建设”，加快形成集群创新网络。依托润阳光伏研究院、清华大学国家工程研究中心等科研院所，围绕制造业高端化、智能化、绿色化发展，聚焦重大平台建设组建“一批国家级、省级国家实验室”，实施一系列战略性前瞻性“揭榜挂帅”项目，实现一批关键核心技术突破，取得一批重大成果转化，打造风光电新能源研发、示范、高端制造三大中心。加快“实验室＋创新中心＋新型研发机构”体系化布局，建立有效促进集群内部、集群之间跨主体、跨领域、跨区域多维网络化合作的协同创新机制，把科技创新“关键变量”转化为高质量发展“最大增量”。二是聚焦“五个维度”，营造良好创新生态。坚持以产业集群培育为主线，加快推动构建产业集群创新生态、打造创新生态技术体系、拓展创新人才队伍、增强创新财税金融支撑、改革重塑创新制度文化“五个维度”，构建产业链、创新链、要素链、制度链、供应链，通过多链聚合、有效耦合，贯通政、产、学、研、金（融）、服（务）、用各环节，整合人才、平台、资金、土地、数据各要素，推动产学研用深度融合，推动科技成果快速转化。三是构建“三个体系”，打造创新策源地。完善“基础研究＋技术攻关＋成果产业化＋科技金融＋人才支撑”全过程创新生态链，构建起“以企业为主体、市场为导向、产学研资深度融合”的技术创新体系。完善从种子期、初创期、成长期到成熟期的服务链条，畅通从众创空间、孵化器、加速器、园区、企业集聚到产业集群的发展路径，形成布局合理、功能完善、体系健全、共享高效的企业孵化创新体系。完善“金融＋科技＋产业”协同，深化金融供给侧改革，创新金融产品和金融模式，围绕重点产业链和龙头企业，拓宽融资渠道，增强金融科技赋能作用，协同财政政策支持，构建具有良好适配性且有利于促进技术、人才、资本集群化的金融支持体系①。

① 涂永红，李胜男 . 金融创新支持新兴产业集群发展 [J]. 中国金融，2020（24）：86-87.

（四）以“服”为基，搭建集群发展温床

一是建立“三张清单”，持续优化营商环境。建立“服务清单”，强化支持先进制造业集群发展的政策导向，严格实行“一包到底、一抓到底、责任到底”，压实政策兑现、资金争取、安全生产等责任，建立“问题清单”。通过企业家座谈会、企业走访服务等，及时找准企业生产经营面临的关键问题和真正诉求，解决企业“急难愁盼”问题，建立“任务清单”，落实现场督办、集中协调等方式，建立任务台账，明确办理的时限和任务，营造市场化、法治化、国际化营商环境。二是用好“四则法则”，深化“放管服”改革。在“放”上继续做“减法 / 除法”，围绕企业迫切希望解决的“环节多、耗时长、效率低、折腾人”等问题，把该“放”的放开、该“减”的减掉、该“除”的清除。在“管”上继续做“加法”，推行“机构融合”“职责融合”“人员融合”，强化事前部署、事中落实、事后监管，确保督查内审工作的全角度、多维度、广覆盖。在“服”上继续做“乘法”，建立政企“早餐会”“企业办事不求人”“驻企 5D 店小二”等工作机制，全方位开展企业问题的受理、交办和督办，解决企业用工、用地、用能、资金、证照办理等多方面的难题。三是释放“三大效应”，增强园区载体功能。推进园区体制机制改革，破解基础设施“建设慢、资金少、管理难”等瓶颈，围绕政策、载体、人才、平台、资金、创新等六个方面，构建开放包容的创新创业生态，放大园区吸附效应。实施园区“龙头创新引领力、龙头市场主导力、龙头群链带动力”提升行动，带动上下游配套企业上链赋能，推动产业增链补链强链，放大园区倍增效应。建设技术创新、创业孵化等公共服务平台，提升产业集群发展支撑承载能力和产业配套水平，盘活园区“僵尸企业”用地，强化园区内外公共服务设施的无缝对接，放大园区集约融合效应，引导更多资源要素向先进制造业集群流动，形成有利于先进制造业集群发展的良好生态。

（五）以“合”为媒，提升集群影响力

一是坚持“引进来”“走出去”并重，提升集群国际竞争力。聚焦产业链关键短板开展“补链”、聚焦产业链重点环节开展“强链”、聚焦产业链全价值链开展“延链”，引进一批重点企业。抢抓“一带一路”等机遇，加快企业“走出去”步伐，支持集群企业积极参与国际标准制定、技术交流、产品研发、市场推广，通过跨国经营、共同开发第三方市场等形式深化国际企业合作[①]，不断增强集群企业国际竞争力。二是推进会展产业“三化进程”，提升集群产业合作向心力。持续扩大中韩贸易投资博览会、中国新能源发展论坛会等现有会展品牌的影响力，建立和完善推动会展业发展的体制机制。推进盐城会展产业专业化、品牌化、国际化进程，持续提升会展服务辐射能力，探索“会展 +”集群赋能模式，打造以会展带动招商、交流、合作的“一展多元”会展经济新格局。三是活用“四色文化”（白色海盐文化，红色新四军文化，绿色滩涂湿地文化，蓝色海洋文化），提升集群传播影响力。积极利用各类社交平台，有效运用各种传播渠道，采用融通中外的概念、范畴、表述，讲好盐城产业故事，展现盐城集群形象，打造具有较强影响力的国际传播媒体，创新开展多语种、跨平台互动传播，不断提升盐城产业集群国际传播影响力。

① 王少君 . 培育先进制造业集群 推动制造业优化升级 [J]. 中国信息化，2021（5）：26-50.

第九章　打造绿色低碳示范区

党的二十大报告强调："要积极稳妥推进碳达峰碳中和，深入推进能源革命，加快规划建设新型能源体系。"盐城市全面贯彻党的二十大精神，认真落实省、市委决策部署，紧扣实现碳达峰碳中和目标，深入践行"四个革命、一个合作"能源安全新战略。把绿色低碳发展示范区建设作为高质量发展的总抓手，以壮大绿色发展新动能为中心任务，以改革创新为根本动力，协同推进降碳、减污、扩绿、增长，推进生态优先、节约集约、绿色低碳发展，积极稳妥推进碳达峰、碳中和，加快建立健全绿色低碳循环发展经济体系，着力探索出一条生态良好、生活富裕、绿色低碳、安全高效的路径，打造推动绿色发展、人与自然和谐共生的示范城市。

第一节　盐城绿色低碳示范区建设基础

盐城有海有河有滩涂，有湖有荡有湿地，兼具海洋、森林、湿地三大生态系统，是世界自然遗产城市、国际湿地城市、国家森林城市、全国绿化模范城市、国家生态文明建设示范市。盐城积极建设绿色生态之城、绿色制造之城、绿色能源之城、绿色宜居之城，推动盐城绿色低碳发展树立标杆、作出示范，加快建设人与自然和谐共生的美丽盐城。

一、绿色低碳示范区建设基础

（一）具有得天独厚的自然条件

风电方面，盐城市拥有江苏省最长海岸线和最大海域面积[①]，海岸线总长

① 罗亚娟，陈阿江．空间失范：污染企业迁移的社会逻辑 [J]. 学习与探索，2022（6）：26-33.

582 km、海域面积 1.89 万 km^2，具备大规模发展海上风电的资源条件；正在修编的海上风电规划中，盐城市新增总规划容量为 3 000 万 kW，可打造成为中国“海上风电第一城”。光伏方面，盐城市因地制宜发展集中式光伏及屋顶光伏、渔光、农光及风光渔互补等多种类型，并积极发展滩涂光伏，可开发规模在 2 000 万 kW 以上，开发潜力巨大。

（二）绿色低碳产业体系初步形成

盐城坚持生态优先、绿色发展，深入实施绿色制造工程，全面聚焦汽车、晶硅光伏、电子信息等主导产业，深入实施产业链培育提升行动，加快培育“链主”企业、科技型领军企业、“专精特新”中小企业，不断优化产业链、技术链、创新链、价值链结构，推动园区创新发展、绿色发展和高质量发展，园区产业发展生态持续优化，产业集群化发展呈现蓬勃态势。汽车产业方面，落户韩国起亚、华人运通等整车企业 5 家，聚集韩国 Mobis、法国佛吉亚等零部件企业 800 多家，整车产能 96 万台，累计产销整车超 600 万台；晶硅光伏产业已落户润阳、天合等行业前 10 强企业 8 家，光伏电池产能达 107 GW、光伏组件产能达 112 GW；电子信息产业已集聚韩国 iA，以及我国台湾正崴、香港英锐等重点企业 40 多家，产业规模突破百亿。

（三）绿色低碳理念融入工业经济

盐城充分发挥太阳能、风能等资源优势，加快构建绿色制造体系、推进园区循环化改造。出台推进规模以上工业企业“智改数转”实施方案，着力推进新一代信息技术与制造业深度融合，在推动园区循环化改造上，大力推进企业节能减排，构建资源循环利用、能源梯级转换、产业持续发展、环境充分保护的循环经济发展格局。园区资源消耗强度和污染物排放强度逐年降低，园区单位工业增加值综合能耗、新鲜水耗、废水产生量、COD 排放量、SO_2 排放量不断下降。

（四）绿色低碳创新体系不断完善

盐城充分发挥财政、税收、金融等绿色创新政策的导向作用，推进产学研用深度融合，不断增强支撑服务园区“三高四新”战略的创新能力，加快构建市场导向的绿色技术创新体系，不断激发绿色创新动力活力。瞄准汽车、新能源装备和电子信息三大主导产业，深化大院大所合作共建，推动企业建设工程技术研究中心、企业技术中心、工程研究中心，并积极与省产业技术研究院等高校院所共建联合创新中心，推动产业链与创新链深度融合。依托中韩（盐城）产业园未来科技城、上海国际科创中心等载体平台，集聚一批科技型企业，国家级高新技术企业，全社会研发投入占 GDP 比重 2.8%。

（五）生态环境质量持续改善

盐城坚持生态优先、绿色发展理念，全力打好污染防治攻坚战，持续放大生态资源优势，加快推进生态环境治理体系和治理能力现代化，生态环境质量持续改善，生态环保“底色”更加厚实。园区严把“产业导向、项目准入、节能减排”三个关口，坚决落实碳达峰、碳中和要求，抓好内部挖潜改造，压实生态环境保护责任，对企业实施全面体检，鼓励现有企业推动清洁生产和循环经济，淘汰落后产能、低效产能，实现节约集约发展，加大环保执法检查力度，每周开展生态环境巡查，资源消耗强度和污染物排放强度逐年降低，企业环保“三同时”执行率、危险废物、垃圾处置率均达 100%，COD、SO_2 排放量控制在规定范围内。在 GDP 增速全省第一的情况下，$PM_{2.5}$ 年均浓度持续下降，环境空气质量综合指数（AQI）连续 7 年保持全省第一；实现国省考断面、入海河流断面水质优Ⅲ比例和集中式饮用水源地水质达标率 100%；受污染耕地和重点建设用地安全利用率连续三年实现双 100%。省打好污染防治攻坚战指挥部办公室、省生态环境厅 2021、2022、2023 连续三年向市委、市政府发来贺信，充分肯定盐城市治污攻坚工作取得的成绩。

二、绿色低碳示范区建设的盐城做法

（一）加速落地一批重大事项

盐城与省发改、科技、财政、住建、文广旅、江苏银行、江苏环保集团、南京师范大学等 15 个省直部门和单位签署共建协议，梳理细化合作事项 97 项，涵盖试点示范落地、重大政策支持、重大项目列规、科技创新合作等各领域。

（二）抢占“新赛道”，零碳产业园区先行先试

射阳港经济开发区零碳产业园、大丰港国际合作绿色低碳产业园规划成

功发布，编制完成盐城环保科技城零碳示范园区发展总体规划。黄海新区加快建设零碳能碳管理平台，射阳港零碳园区完成“能—碳”双控平台架构，上线碳交易、绿证绿码等功能，加快构建园区企业能耗、碳排在线监测、分析、预警机制。

（三）锻造“新引擎”，绿色产业规模持续做大

2023 年 1—6 月份，新能源产业集群开票销售超 612.5 亿元，同比增长 25.6%；以 SKI、比亚迪、蜂巢、耀宁为龙头的动力电池集群开票销售超 164.6 亿元，同比增长 158%。盐城经济技术开发区、东台经济技术开发区创成国家级绿色园区。实施智能化改造数字化转型行动，推进 1 000 项“智改数转”项目，累计创成中车电机等国家级绿色工厂 12 家，正泰新能源等省绿色工厂 28 家。

（四）培育“新动能”，低碳科创加速研发应用

中科院电工所 2 个科技攻关项目获国家科技重大项目立项支持，国家科技进步一等奖“工业烟气多污染物协同深度治理技术及应用”项目落地转化。进一步深入与清华、中科院、南大等大院大所战略合作，推进北大拉曼半导体实验室等新型研发机构多元化、平台化发展，建设京沪深宁离岸科创中心。

（五）做强“新能源”，新型能源体系加速构建

发布黄海新区综合能源基地规划，加快推进整县屋顶分布式光伏等重点项目。2023 年 1—6 月份，全市新能源装机容量 1 317.8 万 kW，持续位居长三角之首，新能源累计发电量 147.8 亿 kWh，占全社会用电量的 66.4%。积极布局氢能产业，以绿电制绿氢为突破口，布局氢能全产业链项目，大丰等地成功签约吉电股份投资的 161 亿元年产 4.15 万吨绿氢生产项目。

（六）展示“新图景”，绿色生态宜居稳步提升

促进“公转水”“公转铁”，今年新辟大丰港至太仓港、阜宁港至淮安港 2 条集装箱航线，全市海河集装箱班轮航线已增至 31 条。实施“绿色车轮”计划，新增和更新公交车、出租车全部为新能源汽车。在全省率先启动省级以上工业园区污染物排放限值限量管理，加快建设 23 个省级“绿岛”项目。

第二节　绿色低碳示范区建设经验借鉴与启示

在全球气候变化的大背景下，绿色转型是城市实现可持续发展的必然选择，也是我国城镇化发展的必经之路。国内外零碳园区、低碳开发区等建设案例，为盐城打造绿色生态之城、绿色制造之城、绿色能源之城、绿色宜居之城，实现能源清洁化、产业绿色化、设施低碳化、管理智慧化、认证国际化提供了样本和方案。

一、江宁开发区绿色低碳发展经验借鉴

（一）江宁开发区概况

江宁经济技术开发区是国家级经济技术开发区、国家级生态工业示范园区、中央海外高层次人才创新创业基地，是全国智能电网产业集聚度最高的地区之一。自 1992 年创办以来，始终坚持生态优先、绿色发展，持续加大生态环境保护力度，走出了一条经济社会发展与生态环境保护相协调的发展道路。

（二）江宁开发区低碳发展的举措

一是以“多规融合”优化“三生”空间布局。江宁经开区始终坚持高起点规划，以资源节约、环境友好为基调，突出生态底色，持续优化生产、生活和生态空间，为绿色低碳发展奠定良好基础。以空间规划明确功能定位，以生态环境专项规划加强源头管控，以“多规融合”理念推进城市基础设施和景观工程建设，推进城市空间布局精细化管理。

二是以产业绿色转型助推区域高质量发展。江宁经开区始终把环境影响作为招商引资考虑的重要因素，把生态园区建设作为转变经济发展方式、实现可持续发展的重要抓手，着力聚焦产业绿色转型，持续提升全要素生产率。严格把控发展“高、轻、净、优”的“3+3+3+1”产业，以生态园区建设为抓手，推进产业绿色循环低碳发展。

三是以治理机制创新提升生态环境质量。江宁开发区大力实施最严格的环保准入制度，加强工业“三废”治理，从源头控制污染总量；建立“防、

控、治、管”四位一体的污染场地风险管控体系，加大对污染源的监管和整治力度；加大企业转型激励力度，对企业采用清洁生产工艺、进行绿色转型、开展绿色创新等行为提供财税支持。

二、经验总结与启示

（一）规划路径

一是诊断规划。需要针对现有产业结构，构建碳核算模型，进行碳排放量数据汇总，确定零碳目标和线路图。二是顶设先行。在园区定位、产业选择、空间布局等层面依据碳中和理念与数字融汇赋能的城市高质量发展空间的愿景目标统筹规划，基于创新成长、绿色高效、以人为本的建设理念，进行一体化低碳零碳智慧园区建设规划。

（二）建设路径

一是产业优化。优化产业结构，加快推广普及碳应用，促进产业链优化，并结合实际情况制订产业优化方案。二是机制引导。通过建立相关组织机制，创新碳排放激励机制等，完善园区低碳管理机制，并积极探索建立园区低碳建设的长效机制与政策措施，为实现节能减排、低碳发展提供制度保障。三是低碳改造。根据园区碳排放碳达峰行动方案，完善空间布局，加强低碳基础设施建设，对园区用水、用电、用气等基础设施建设实施低碳化、智能化改造。

（三）运营路径

一是数字赋能。通过智慧园区体系，对园区内水电、光伏、储能等各类能源数据进行全面管理及趋势分析，整合碳管理模块，建设零碳操作系统。二是要素配置。强化要素支撑，对接配置相关土地、机制、金融、技术、人力、数据等资源要素，建设包括园区企业、园区管理机构、政府主管部门分层次、多角度的监管体系，实现多元化、信息化监测模式。

第三节　盐城绿色低碳示范区建设路径

2023 年是盐城打造绿色低碳发展示范区的开局之年，《关于支持盐城建设绿色低碳发展示范区的意见》明确提出，推动低碳零碳产业园区试点，支持条件成熟园区或产业集聚区开展零碳园区建设试点。盐城将建设低（零）碳产业园作为示范区建设的引领性、标志性工程，不断提升盐城发展的含绿量、含金量。设计规划好“能源路径、产业路径、人才路径和城市治理路径”是助力盐城绿色低碳高质量发展，打造绿色发展、人与自然和谐共生的示范城市的关键。

一、建设目标

（一）能源保障安全可靠

到 2025 年，全市电力装机规模达 3 000 万 kW，煤炭静态储备能力达 200 万吨，LNG 年接收能力达 2 000 万吨，静态储油能力达 10 万吨，能源自主供给能力和辐射影响作用进一步增强，能源应急安全保障能力明显提升。

（二）清洁低碳成效明显

到 2025 年，新能源累计装机容量突破 2 000 万 kW，非化石能源消费占能源消费比重超 35%，煤电机组供电煤耗下降 10 克标煤 /kWh，氢能、储能参与能源调节作用明显增强，能源结构不断优化，以清洁能源为主体的新型电力系统加快构建，绿电城市建设更具魅力。

（三）创新能力显著增强

到 2025 年，海上大功率风机、漂浮式海上风电等一批关键技术和装备实现突破，建成江苏沿海可再生能源技术中心等一批高层次科创平台，海上“能源岛”、海洋牧场等一批融合示范项目建设取得实质性进展，产业链创新能力显著增强，核心技术装备自主可控水平大幅提高。

（四）绿色产业稳步壮大

到 2025 年，新能源产业开票超 2 000 亿元，新能源装备规模以上企业突破100家，光伏组件和电池产能规模均超120 GW，新能源产业集群不断壮大，风电装备和晶硅光伏产业链质态全面提升，地标性引领作用持续加强，氢能、储能等新兴产业快速发展，龙头企业加快培育。

（五）开放空间持续拓展

到2025年，国际绿色能源城市建设得到国际能源组织广泛认同，“海上风电第一城”城市品牌影响力显著增强，对外开放合作交流水平持续提升，产业链全球互动合作窗口作用进一步凸显，呼应双碳倡议的绿色城市发展底蕴更加丰厚。

二、重点任务

（一）建设海上风电之都

推进近海海上风电集群化发展，加快大丰85万kW海上风电、大丰80万kW海上风电和射阳100万kW海上风电等首批竞争性配置项目群建设。梯次推进“十四五”新增近海海上风电项目群竞争性配置工作，同步开展输电规划研究和接网方案论证，不断提高源网协同发展水平。稳妥开展深远海海上风电示范建设，积极推进射阳、滨海、大丰等地首批百万级深远海示范项目前期，率先在全国范围内启动深远海项目建设，实施超大功率海上风机、海上风电柔性直流等示范应用。

（二）建设光伏发电示范区

深入实施“千家万户沐光行动”，加快推进滨海、阜宁、射阳、建湖、盐都、大丰和盐城经开区等7家整县（区）屋顶分布式光伏开发试点建设。鼓励建设建筑一体化（BIPV）分布式光伏发电系统，推动新建工业园区、新上重大项目、新增公共建筑、集中连片农居等区域预留发展分布式光伏系统的荷载能力和配网结构。整合陆上光伏和滩涂海域光伏资源，编制光伏资源开发规划，通过竞争性配置方式，统筹推进规模化集中式光伏电站建设。

（三）打造长三角氢能产业高地

编制出台《盐城市绿氢产业发展中长期规划》，明确绿氢基础设施建设布局，构建新型氢气制储输运网络。补齐绿电制氢设备、储运输设备、纯化设备、新型氢燃料电池等产业链空白环节，逐步形成产业集聚。支持大丰、射阳、黄海新区等地区建设绿氢供应链基地，积极争取在非化工园区开展规模化海上风电制氢、光伏制氢。坚持以市场应用为牵引，探索氢能商业化路径示范，强化氢管网、氢电源等设施示范领域应用，重点专注燃料电池电堆等价值链高端环节，推动在作业机械、工程车、物流、船舶、无人机等方向实现差异化发展。结合制氢资源和用氢需求双重要素，优先在大丰、黄海新区、响水、亭湖等区域规划布局加氢站项目。在符合现有政策体系前提下，简化加氢站建设手续，鼓励建设综合能源站，打造长三角氢能产业高地。

（四）建设多种可再生能源发展基地

推动生物质能综合利用，加快推动农村种养基地生物天然气和循环农业示范项目建设，探索生物天然气并入城镇燃气管网。统筹布局全市生活垃圾焚烧电站项目建设，在做好环保治理的基础上，着力破解设施“邻避”难题，加快推进全市飞灰处置、炉渣资源化利用等配套设施建设，实现垃圾无害化处理的可持续发展。推动地热能开发利用，加快推动地热资源勘查，摸清全市地热资源底数，科学确定开采限量，通过完全等量同层回灌、无干扰井下换热等技术，加快探索地热能清洁开发利用。

（五）稳步发展灵活快捷气电，适度发展稳定可靠热电

积极抢抓天然气发电发展战略“窗口期”，强化电、气市场动态研究，结合电力交易曲线和天然气供给特性，优化气电经营模式，增强系统调节能力。研究争取新增气电规划点，加快推进阜宁中海油二期燃气发电调峰项目建设，争取在滨海港工业园区 LNG 接收站附近规划建设清洁高效调峰燃机项目，配合新能源大容量接入输出，提升电网、气网调峰能力和能源安全保障能力。支持盐城经济技术开发区等在工业园区、城市负荷中心争取建设一批源、网、荷、服务相结合的分布式燃机项目，支持在役燃煤自备电厂通过“近等容量”改造为燃气发电机组，实现能源的梯级利用和效率提升。积极推动电、热耦合，适度补充燃煤热电联产项目，推进丰源热电、建湖丰富热电、滨海港工业园区供热中心、阜宁高新区热电等燃煤热电联产项目加快开工建设，做好煤炭替代、能耗、排放等要素指标落实工作。因地制宜发展生物质热电联产项目，从严控制只发电不供热生物质项目。积极探索热泵、低碳区域供热系统、太阳能供热、氢能供热、融盐储热等清洁供热场景应用，全面增强热电可靠稳定性。

（六）构建坚强智能电网

按照整体结构强、重点部位韧、系统运行柔的原则，加快推进500 kV、220 kV等输变电及其配套工程实施，适应沿海风电、光伏基地等大型电源输送要求。加快建设与产业布局调整、跨区潮流转移相协调的分区电网，优化沿海220 kV电网分区规模，提高区域间事故支援和转供负荷能力。建设与新型城镇化、用能电气化相适应的配电网，加快110 kV链式目标网架构建，实现10（20）kV标准网架全覆盖，提升分布式能源、微电网、储能、电动汽车充电站等接入能力。推动变电站配置充（换）电设施、台区储能、光伏发电系统，深化拓展输变电节点的系统功能和应用场景。

（七）加快开展“低零碳”园区试点示范

梯次推动全市省级以上开发区开展低碳园区试点建设，加快探索园区低碳转型路径。支持射阳港经济开发区、黄海新区等园区先行开展零碳园区试点建设。加快设立低碳产品“认证中心”、绿色“技术创新中心”，探索建立低碳产品、碳足迹、碳中和等低碳认证体系，探索建立碳排放预算管理试点和绿电交易机制。积极构建园区纯绿电供应体系，推进电网结构优化、输配电设施升级等工程，推动绿电供应从高比例到百分百过渡。

（八）加快开展智慧能源和绿能消费创新示范

实施能源领域信息物理系统建设，推动能源基础设施数字化改造、智能化升级，试点开展智慧电厂、智慧管道、数字孪生电网、虚拟电厂等示范项目建设。加快建设盐城智慧能源监管平台（绿能城市驾驶舱）和盐城绿色能源会客厅，整合系统能量流、控制流、数字流，综合运用大数据、人工智能等现代信息手段和新一代通信技术，通过可视化方式，促进绿色能源精准预测、遥向感知、智能诊断、自发平衡、闭环反馈，实现协同响应。倡导绿色能源消费新理念，引导形成支持发展可再生能源、优先使用可再生能源的社会风尚，鼓励各类社会组织和个人主动认购绿证。

（九）推动新型储能产业规模化安全发展

制订《盐城市新型储能发展实施方案》，加快布局以电化学储能为主的新型储能产业体系，超前布局固态电池等下一代前沿电池技术。围绕“建链、补链”，加快突破固液态储能电池、电池管理系统、能量管理系统、储能逆变器等产业链主要环节。推动新型储能与新能源、常规电源协同优化运行，支持大丰、射阳、黄海新区等地区重点布局一批新型储能电站，建设一批规模化储能 + 常规火电、储能 + 风光电等调峰调频联合体，科学制定安全运行规范，提高电力系统调解能力和容量安全支撑能力。支持在大数据中心、5G 基站、工业园区、商业中心、公共场所等终端用户，依托分布式新能源、微电网等建设一批移动式或固定式新型储能作为应急备用电源。

（十）提升互动交流层次，拓展国际合作阵地

强化与水电总院、华能清能院等智库机构建立常态化交流机制，在产业项目、技术研发、数据共享等各领域深入开展互动合作。推进盐城光伏行业协会、风电行业协会、新能源与清洁能源联合会等在盐机构与国内外领先的新能源产业行业协会开展交流对话，围绕产业技术攻关、工程研究和产品开发前沿方向，探索成立合作交流联盟。推动盐城新能源装备产业融入全球产业链，支持新能源装备企业在“一带一路”沿线国家、RCEP 相关成员国建立国际营销服务平台和海外仓，扩大风电整机、叶片、电池片及组件等产品出口业务，推进润阳泰国光伏电池生产基地加快建设。在产业项目、技术研发、数据共享等各领域开展多元化、多层次的交流与合作。积极与法国、德国、丹麦、英国等国家开展风电、氢能等新能源产业合作，加快建设射阳中丹（欧）风电产业园、艾尔姆叶片、保利泰克风电检测等合作项目，推动装备、科技等双向合作互动。

三、建设路径

（一）绿色低碳示范区建设的能源路径

1. 推动能源消费革命，引领能源低碳转型

一是实施园区节能降碳行动方案。工业领域开展能效对标达标和能效

“领跑者”行动，坚决遏制“两高”项目盲目发展，推动纺织、化工等高耗能行业淘汰落后产能。建筑领域提高新建建筑节能标准，大力推进既有建筑和市政基础设施节能改造。[①]交通领域推动大宗货物中长距离运输“公转铁”“公转水”以及多式联运运输。二是优化能源消费结构。工业生产、农业生产加工、餐饮服务、居民生活等领域严格控制煤炭消费增长，合理调控油气消费，全面深入拓展电能替代，以“双控”推动能源清洁低碳安全高效利用，倒逼产业结构、能源结构调整。三是提升能源消费弹性。电力方面高比例释放居民、一般工商业用电负荷的弹性，引导大工业负荷参与辅助服务市场，积极推动“源网荷储”一体化发展。天然气方面稳步推进天然气价格市场化改革，加强供需市场调节，加强对非居民用气的管理。

2. 推动能源供给革命，建立多元供应体系

一是做好“追风捕光逐电”。风电产业有序推进海上风电规模化开发，规划建设近海、远海千万千瓦级海上风电开发基地，推进研发设计、装备制造、风场开发、工程安装、运维服务等风电全产业链一体化发展，打造具有国际竞争力的先进风电装备制造集群。光伏产业坚持资源开发和产业发展双轮驱动，探索光伏开发应用新场景以及“光伏 + 交通”“光伏 + 工业”“光伏 + 大数据中心”等应用新模式，培育千亿产业，打造“东部光谷”。二是稳步发展生物质能“生力军”。坚持农牧结合、种养循环、就近消纳、综合利用的原则，推进农村绿色燃气供给、生物质清洁供暖、低碳零碳村镇建设和沼气生态循环农业建设，创建一批以沼气为纽带的种养结合示范样板。引导企业有序布局生物质发电、供热、制气等项目，鼓励企业从单纯发电转为热电联产，推行“生物质能源企业为龙头 + 新型农业服务主体 + 合作社 + 农户”的“以服务换资源模式”，推动园区生物质能产业稳步发展。三是加快布局未来产业。加快布局培育储能、氢能等前沿性产业发展，建设“电、气、风、光、运、储、氢”大型综合能源供应示范基地，探索建立综合能源管理体系，实现多元化能源供应。

① 殷凤春 . 协同推进绿色低碳发展示范区建设 [J]. 群众，2022（18）：51-52.

3. 推动能源技术革命，赋能产业迭代升级

一是提高园区企业自主创新能力。充分发挥企业的创新主体作用，加快提升先进材料产业自主创新能力，在海上风电大功率风电机组及关键零部件、新一代太阳能电池技术、储能技术等领域掌握一批关键核心技术，建成一批国家级、省级研发机构。二是开展核心技术攻关。聚焦碳减排、碳捕集、碳转化、碳封存等四大方向，启动减碳、零碳、负碳技术集中攻关，构建绿色低碳技术创新体系，推动低碳前沿技术攻关和产业迭代升级。三是深化产学研合作。深化同科研院所、高校合作，共同研发高安全、高可靠、高性能的设备和系统，构建全过程响应、全状态感知、全节点安全共享的能源安全保障体系、能源互联网供需预测预警体系。

4. 推动能源体制革命，打通能源发展快通道

一是推进能源价格改革。按照“管住中间、放开两头”的改革思路，推进电力、天然气等能源价格改革。电力方面完善风电、光伏发电、抽水蓄能价格形成机制，建立新型储能价格机制，针对高耗能、高排放行业，完善差别电价、阶梯电价等绿色电价政策。天然气方面按照“准许成本加合理收益”原则，合理制定天然气管网输配价格，建立健全天然气上下游价格传导机制，推进非居民用气价格市场化。二是推动“电—碳”交易大市场建设。健全“电”“碳”两种市场之间的协同机制，建立绿证、碳减排量、CCER多重环境权益的同步交易和交割机制，对经济成本进行联合优化疏导，激发全社会的减排动力，提升清洁能源竞争力。三是完善能源监管机制。加快“互联网+”监管等大数据平台建设，整合归集多部门、多行业监管数据，推动跨部门跨领域监管“大综合”，构建政企联动、政企互动、互为支撑的能源监管机制。

（二）绿色低碳示范区建设的产业路径

1. 三道并行，推动低碳产业稳健发展

一是领跑优势赛道。风电产业要依托“风光”资源推进研发设计、装备制造、风场开发、工程安装、运维服务等风电全产业链一体化发展；光伏产业要依托重点龙头企业推进智能制造和产品迭代，大力拓展“光伏+机

场”“光伏+学校”“光伏+医院”“光伏+地铁”“光伏+工厂”“光伏+商场”等应用场景。二是要拓宽并跑赛道。新能源汽车要依托SKI、华人运通等重点企业构建关键零部件技术和产品供给体系，加快动力电池关键技术突破，推进驱动电机及控制系统集成化、高密度化、智能化发展；高端装备要推进风电驱动、叶片等核心部件攻关，加快风电模块化设计，形成成本竞争优势，探索发动机关键零部件、汽车、高端医疗设备等再制造业务，形成汽车零部件、工程机械等再制造企业集聚优势。三是抢占新兴赛道。储能、氢能新兴产业要积极推进氢燃料电池汽车应用示范，规划氢能公交示范路线，积极构建以盐城经济技术开发区为核心，亭湖、盐都等区域协同发展的氢能产业空间布局。碳交易要依托全国碳交易系统，丰富市场交易主体，引入碳交易信用保证保险，建立碳普惠机制，引导企业不断提升碳资产管理能力，建立和完善碳交易标准规则体系。

2. 携数而行，推动传统产业绿色升级

一是加快园区数字化提升。推进“园区大脑”建设，利用数字技术全面提升运行管理、产业服务、运营决策能力，高效赋能园区企业数字化发展，高标准建设智慧园区。加快园区与平台企业探索联合运营模式，在技术、数据、平台、供应链等服务供给方面开展深度合作，构建全域覆盖的智能感知网络，深化物联网技术在公共服务、生产制造、低碳环保等领域的部署应用，建设“互联网+先进制造业”特色产业基地。二是加快推动园区数字产业化。聚焦车联网、工业互联网、大数据、电子商务等四大领域，培育壮大数字技术应用场景。车联网产业，要抢抓长三角（盐城）智能网联汽车试验场建设契机，完善智能车辆、信息交互、基础支撑等细分领域产业链，全力推动智能网联汽车推广应用。工业互联网产业，要以软硬兼备的平台解决方案开发为重点，加强新能源、钢铁、节能环保等行业工业互联网平台技术研发与产业化。大数据产业，要持续推进大数据产业园等载体建设，加快发展云计算、数据服务、数据应用等领域，招引培育数据处理企业主体，建设集数据采集、清洗、标注、交易、应用于一体的基础数据服务体系。电子商务产业，加快推进中国（盐城）跨境电子商务综合试验区建设，积极探索跨境电子商务发展新模式，促进传统外贸和制造企业通过“互联网+”拓展外贸新动能，利用外贸出口基地产业集聚效应，形成“基地+跨境电商”的外贸新模式。三是加快园区产业数字化转型。加快制造业数字化、网络化、智能化升级和工业互联网平台建设，深化实施“企业上云”行动，打造一批“数字化”车间、工厂示范样板，优化生产过程、运营管理、生产资源配置、产品全生命周期管理，有效减少生产端资源消耗和消费端污染排放，大幅提升资源要素配置效率。

3. 制度先行，打造园区低碳产业生态双闭环

一是全面对接绿色低碳示范区建设。尽快出台《园区产业节能减碳总体方案》与《园区绿色低碳示范区产业发展规划》两大核心“双碳”新政，从科技创新、产业体系、空间格局、国际合作等方面全面升级，着力构建科技创新突出、产业绿色低碳、空间布局合理、体制机制创新的高质量产业绿色低碳发展新样板。以“环境容量”和“生态承载力”作为前置约束的政策引导，确立各区域、各主体可使用的生态环境要素额度，并依托数字化，构建绿色低碳园区数智治理体系。二是做好园区产业准入负面清单管理。处理好项目环境准入关与高耗能产业“瘦身”两者关系，根据碳消耗标准将产业分为鼓励类、限制类和禁止类，积极引导鼓励类产业发展，制定园区重点行业碳排放强度标准，将碳排放强度超标的建设项目纳入行业准入负面清单。按照“用最严格制度最严密法治保护生态环境”的要求，对环境违法行为的法律责任进行优化和完善。三是构建园区绿色低碳产业生态双闭环。着力构建园区绿色低碳产业大小闭环，形成晶硅光伏、动力电池等主导产业及重点产业链企业间“隔墙供货”，提升产业链供应链稳定性，形成市内“小闭环”。利用好长三角创新要素集聚、研发转化实力强、绿电消纳需求大、场景多的特点，可以通过全产业链合作，实现“研发创新—生产制造—应用推广”的绿色低碳产业生态大闭环。

（三）绿色低碳示范区建设的人才路径

1. 找准着力点，打造低碳人才“引力场”

一是引好才。聚焦“绿色低碳”，深化“双招双引”，用好沿海发展人才

峰会平台、高新技术成果交易会等大型展会活动，拓宽国际人才引进渠道，打好以赛引才、以才引才、平台引才“组合拳”，搭建起绿色低碳人才招引“绿色通道”，引进一批低碳领军人才和团队。二是“借好力”。依托高端机构资源，积极对接南京大学、东南大学、江苏现代低碳技术研究院等机构，举办“揭榜挂帅”创新攻关人才遴选赛等活动，通过与学界、行业搭建桥梁，培养、引进绿色低碳高端人才。三是“请进来”。坚持以产业和企业发展需求为导向，科学分析园区就业人口及岗位分布情况，通过举办“人才招聘月”活动，开辟“线上直播带岗”渠道，为园区重点企业量身定制招聘方案，分领域分层次开展专场招聘，精准匹配优选绿色低碳行业领域专业人才。创新引才渠道，通过“线上＋线下”并行的形式，创新开展园区云聘、校园空双、网络V聘、直播荐岗等“云引才”活动，打造“永不落幕”的招聘会。

2. 打好链接牌，建好低碳人才“孵化地”

一是建强“培育链”。在加强绿色低碳人才引进的同时，注重绿色低碳人才培养开发，实现人才总量和人才质量的同步提高。实施绿色低碳骨干人才培养计划，加快培养引进绿色低碳科技领军人才、专业技术人才、高技能人才和青年创新创业人才。鼓励企业建立人才内部选拔培养、人才开发投入体系，让更多低碳人才在“大浪淘沙”中成长为行业先驱。二是建好“融合链”。强化“政校企”战略合作加快推动产学研用深度融合的进程，创新新型研发机构建设模式，优化新型研发机构的产业、空间、技术布局，持续构建“众创空间＋孵化器＋加速器＋产业园区”上下紧密衔接的绿色低碳人才孵化熟化平台。三是建优“用人链”。要从为人才搭台子、铺路子的思路出发，加快院士工作站、工程技术中心等人才创新平台建设步伐，建立政府科技成果转化与创业投资扶持机制，鼓励高层次人才开展科技创业、转化科技成果，为各类人才施展才华提供一片“海阔凭鱼跃、天高任鸟飞”的新天地。

3. 作通保障路，营造低碳人才“生态圈”

一是要应人才之所需。在政策创新上下硬功夫，切实增强政策的影响力、竞争力和吸引力。将人才工作与园区经济社会发展深度融合，构建涵盖绿色低碳人才引进培养、作用发挥、资金补助、创业扶持等各个方面的人才政策体系，努力“搭台子”“架梯子”“压担子”，加快形成有利于人才成长、有利于人尽其才、有利于各展其能、有利于人才脱颖而出的体制机制，让干事者“有为有位”，让人才有盼头、有奔头。二是要想人才之所想。坚持尊重劳动、尊重知识、尊重人才、尊重创造，在服务创新上下实功夫，为各类人才提供“零距离”、便携式、特色化的贴心服务，对人才政治上充分信任、思想上主动引导、工作上创造条件、生活上关心照顾，把“人才事”当成“自家事”来办，增强绿色低碳人才对所在单位和地方的归属感和融入感。三是要急人才之所急。聚焦“关键小事”，设身处地为人才考虑，解决好人才住房安居、子女教育、配偶就业等方面的“后顾之忧”，构建优质的人才生活服务保障体系，让人才工作舒心、生活安心，为广大人才干事创业送上“定心丸”，让专业的人轻装上阵、心无旁骛地干专业的事，形成民生保障与人才集聚的良性循环。

（四）绿色低碳示范区建设的城市治理路径

1. 健全绿色交通体系，推进交通运输绿色发展

一是推动园区交通基础设施绿色化。优化园区路网配置，提高道路通达性。在公共交通、中短途客运、物流运输、出租车行业、城镇公共事业车辆（垃圾运输、洒水等）等领域，分步骤推广应用新能源和清洁能源车使用。二是削减道路交通的能源消耗和温室气体排放。加快充电桩、加气站等设施建设，有效提升交通服务水平，实施旅客联程联运，提高公交供给能力和运营速度，推广电子站牌、一卡通、移动支付等，改善公众出行体验。三是提升城市交通管理水平。优化交通信息引导，加强停车场管理，鼓励公众降低私家车使用频率，规范交通新业态融合发展。

2. 培育绿色消费理念，倡导绿色消费模式

一是构建生态文明意识教育体系。加强居民生态科学知识教育和普及，开展资源环境基本国情教育，提高居民生态环境保护和绿色发展意识，广泛推进主题宣传，深入实施节能减排全民行动、节俭养德全民节约行动，把绿色消费纳入全国节能宣传周、科普活动周、全国低碳日、环境日等主题宣传活动。二是建立公众参与机制。鼓励公众参与生态建设和环境保护，并采取

奖惩制度，倡导绿色生活方式，完善居民社区再生资源回收体系，推广绿色居住，减少能源消耗，鼓励低碳出行，支持发展共享经济，鼓励个人闲置资源有效利用。三是制定和完善绿色消费指南。抵制过度消费、奢侈消费、浪费资源能源等行为，强化企业绿色管理，实施绿色生产，提供绿色产品，营造良好绿色消费支持环境。鼓励公众转变传统消费方式，强化公众消费意识，在消费时尽量选择绿色商品，实现消费的可持续性。提倡绿色包装，加大市场监管和打击力度，大力整治过度包装行为。全面禁止不可降解塑料袋的使用，严格限制一次性消费品的使用，推进塑料垃圾污染防治。

3. 构建城市碳治理体系，提升碳综合承载力

一是构建城市碳治理体系。将低碳城市建设纳入园区工作大局和发展全局，建立园区主要领导领衔的低碳发展工作推动机制。发挥财政“杠杆”作用，打造江苏沿海绿色金融中心。创新市场化、普惠化低碳激励机制，构建公众碳减排积分奖励、项目碳减排量开发运营双路径的“碳惠盐城”机制。二是优化城市碳汇空间。推进园区生态景观廊道，完善林业发展空间，严格控制涉及遗产地的项目审批，深入实施生态修复工程，建立起由自然保护区、湿地公园、湿地保护小区、其他保护地类型组成的湿地保护体系，增设自然公园建设多元丰富、覆盖均衡的绿地体系。三是提升城市碳综合承载力。落实新型城镇化战略，构建互联互通交通路网，加快优质公共服务供给，加快制定实施新城智慧城市、绿色低碳、地下空间和地下管廊、城市建筑形态等专项规划，着力完善教育、医疗、文化等公共服务配套，筑牢宜居宜业优势。

第十章　打造对韩合作新高地

盐城与韩国隔黄海相望，是中韩两国合作最密切、韩资企业最集聚的城市之一。从 2014 年开始，韩国连续 8 年是盐城第一大外资来源国、第一大贸易合作国，韩国元素已成为盐城开放型经济发展的最鲜明特色、最亮眼品牌、最厚实基础。面向未来，认真研究韩国、密切联系韩国、全面深耕韩国是盐城融入“双循环”新发展格局，实现高质量发展的重要举措，也是实现高水平对外开放的重要任务。

第一节　盐城对韩合作现状

盐城与韩国友好交往 30 年来取得了丰硕的成果，已成为长三角地区与韩国产业合作最密切、韩资企业最集聚的城市。但是产业合作过程也存在着一些不足，主要表现为：一是产业合作新增长点不多；二是产业协同创新推进不够；三是在盐韩企“技术 + 市场”转型不快；四是风险预警体系建设不完善。以上不足的产生原因是多方面的，既有客观上的因素，也有主观上认识不足。

一、韩国对于盐城高质量发展的重要性

（一）对外开放的亮丽名片

从合作能级来看，盐城有中韩（盐城）产业园这一全国范围唯三、长三角地区唯一的国家级对韩合作园区，是习近平总书记亲自提出和推动的重大倡议。从载体平台来看，盐城连续四年举办中韩贸易投资博览会这一中韩高

级别合作交流活动，不仅巩固了盐韩合作的感情基础，也带来了实实在在的成果。从生活环境来看，韩国元素已成为盐城城市的鲜明标识。小到城市的路牌门牌、基础生活设施，大到中韩文化客厅、中韩迎宾苑等标志性建筑，韩国元素已深度融入城市的大街小巷。

（二）产业发展的有力支撑

从产业合作历程看，从 20 世纪 90 年代初第一家韩资项目落户盐城至今，盐韩在各个领域的创新合作不断深化并取得丰硕成果。特别是在经贸领域，盐韩已经形成高度互补，产业链、供应链深度黏着的你中有我、我中有你的密切交融格局，为盐城工业经济增长和出口增长作了有效支撑。从产业合作领域看，盐城对韩产业合作领域已从起初的汽车产业拓展到新能源、节能环保、电子信息等产业，从单一的工业领域延伸到经贸科技、健康美容、旅游观光、大宗商品物流以及现代农业等多领域。推动盐城主导产业从“一业独大”到“多业并举”，行业名企也从“一枝独秀”到“百舸争流”。从产业合作层次看，从一般的产业合作向科技含量高、附加值高的产业拓展，从生产领域向研发领域拓展，从单一生产环节向完整的产业链拓展，形成“既有大树又有森林，既有链条又有集群”的产业集聚生动局面。

（三）经贸合作的第一大国

从韩资利用总量来看，从 2014 年开始，韩国连续 8 年是盐城第一大外资来源国，总投资突破 130 亿美元，协议注册韩资 53.8 亿美元，实际使用韩资 21.1 亿美元。从外贸进出口来看，盐韩经济贸易合作不断加强，韩国是盐城的第一大贸易国。2022 年，盐城对韩国进出口 241.5 亿元，增长 65.5%，占盐城市进出口总额的 17.6%（1 372.4 亿元）。从项目招引来看，累计设立 1 000 万美元以上韩资项目 141 个，累计设立 3 000 万美元以上韩资项目 47 个。其中，总投资 45.4 亿美元的 SK 动力电池项目是江苏近年来最大的韩资项目。

（四）融入双循环的重要通道

从设施联通看，早在 2004 年，南洋国际机场就开通了直飞首尔的航班，航班已由起初的每周 3 架次增加到 10 架次，平均每周往返 1 500 人次，打通盐城国际航空通道。盐城港已直航韩国釜山港、仁川港、平泽港，开辟了两地经贸人文往来的便利通道，架起了文化交流和旅游观光的“空中和海上走廊”。从民意相通上看，疫情考验让盐城与韩国结下深厚情谊，盐城与韩国友人守望相助、风雨同舟。现代、SK 等韩企为盐城抗击疫情提供了有力支持和帮助。投之以桃，报之以李，盐城对在盐的韩国人士一视同仁，给予“新市民”地位，提供同样的抗疫服务和保护措施，得到了韩国方面的一致认可。从生态互守上看，以盐城黄海湿地、韩国滩涂申遗成功为契机，坚持生态破题、经济落脚，不断加强环黄海地区的交流与互信，强化环黄海友城之间的互动交流，密切经贸人文往来，共同构建“环黄海生态经济圈”，把生态国际话语权转化为现实竞争力与合作力。

二、盐城对韩合作的不足及原因

（一）国际政经环境发生重大变化

从政治环境看，在美国对华战略竞争加剧的背景下，韩国新政府将韩美同盟关系提升至“全球全面战略同盟关系”的新形势。美国在战略、经济和其他方面所采取的以遏制中国为目标的各种安排，将韩国牵扯其中，从而导致中韩战略合作的空间缩小[①]。从经济环境看，两国基于产业结构与竞争力差别的互补性降低，产业同构性和竞争性提升，由以垂直分工为特征的互补型结构向以水平分工为特征的竞合结构（竞争与合作并存）转变。

（二）中韩产业竞争优势比较发生重大改变

在过去 30 年里，中国抢抓科技革命和产业改革机遇，产业结构已经在向生产中高端的资本品和中间品过渡，实现从以制造业发展为主变革到由高科技产业发展引领。从需求潜力的角度来看，中国已经形成了世界上最大、最具潜力的市场；从供给能力的角度来看，中国已拥有世界上最完整、最大的工业体系和完善的配套能力。自 2022 年 5 月以来，韩国从中国的进口连续数月大于对中国出口，转而呈现逆差。韩国从中国进口的纤维、半导体、普通机械、电脑、车用电池等开始大幅增加，而这些本是韩国长期拥有优势的产品。

---

① 张蕴岭 . 新形势下的中韩关系：挑战与选择 [J]. 国际问题研究，2022（5）：47-57，139-140.

（三）盐韩合作机制存在的不足

盐韩合作主要以企业合作为主，政府合作为辅，政府与企业间信息沟通共享机制不完善，企业获取信息渠道广度和深度不够，“信息孤岛”现象仍然存在；未建立起统一的要素市场，产业发展所需的劳动力、资金、技术等要素流动不顺畅，加剧产业项目和要素之间的不匹配程度；招才引智方面延伸不够，落户企业存在“只有工厂没有总部、只有生产没有研发或只有企业没有人才”的困境，导致产业集聚效应不明显、产业创新程度不高、缺乏价值链延伸能力，难以往“高”攀升，向“新”进军，以“融”提质。

（四）对韩的研究和认识不够

对韩国研究停留在招商引资方面，对韩国的外交政策、产业政策以及企业发展方向的研究不足；对韩国的产业结构变化与盐城产业互补性研究不足；对韩国企业与在盐韩国人员配套需求、在盐韩企经营状况和市场变更、在盐韩企经营风险等研究不足。没能抓住韩国半导体产业国际转移的“机会窗口”，没能抓住韩国汽车氢能源转型机遇，没能抓住韩国元宇宙等新一代信息技术变革浪潮。

第二节 韩国对外直接投资变动趋势分析

盐城是长三角地区与韩国合作最密切、韩资企业最集聚的城市，1 000 多家韩资企业在盐城投资兴业，与韩国 11 个城市建立友好城市或友好交流城市。近年来，随着中韩（盐城）产业园的批复建设，盐城对韩招商不断突破，取得了巨大成就。受新冠疫情影响，2020 年韩国对外直接投资 565.81 亿美元，同比减少 14.6%，减幅创下 2002 年以来之最。2021 年国际投资环境持续恶化，盐城对韩合作面临严峻挑战。

一、盐城韩资利用情况

（一）韩资招引规模持续扩大

“十三五”期间累计新设韩资项目 155 个、协议外资 20.1 亿美元、实际使用韩资4.53亿美元，占全市比重分别为22.1%、14.8%和11.1%，较“十二五”期间分别提高了10.1、7.6和3.1个百分点，韩企在盐总投资超过82亿美元。

（二）韩资招引质量不断提升

“十三五”期间，投资2亿美元的IA汽车半导体项目、投资3亿美元SKI动力电池项目相继落户盐城。其中，SKI动力电池项目是SKI全球布局中最大的动力电池投资项目，规划覆盖隔膜、动力电池、电池回收利用等全产业链的生产制造，目前一期已建成投产，二期基本建成即将投产。

（三）韩资投资领域不断拓宽

悦达起亚带动了近800家韩资企业落户盐城，韩资涉及领域已从起初的汽车产业拓展到节能环保、新能源、电子信息、金融等产业。

二、韩国对外直接投资变动趋势

受新冠疫情影响，2020年韩国对外直接投资565.81亿美元，同比减少14.6%，减幅创下2002年以来之最。2021年国际投资环境持续恶化，一季度韩国海外直接投资额112.2亿美元（以总投资为准）同比（143.1亿美元）减少21.6%。新设法人数470家与去年同期（799家）相比减少41.2%。

从投资地域变动来看，2021年第一季度韩国对中南美地区（16.3亿美元）投资金额同比增加18.5%，但对北美（44.7亿美元）、亚洲（26.6亿美元）、欧洲（21.1亿美元）地区投资额同比分别减少31.2%、26.0%、17.4%（见表10-1）。在北美地区韩国对美国（42.0亿美元）和加拿大（2.67亿美元）投资额同比下降18.8%、79.8%；在亚洲地区韩国对中国（8.57亿美元）和缅甸（1.13亿美元）投资额分别增长15.9%、17.5%，对越南、新加坡、印度尼西亚、印度地区的投资额分别减少10.8%、49.0%、24.8%、63.5%；在欧洲地区韩国对土耳其投资达2.84亿美元，增幅1 366.4%，但对英国和爱尔兰的投资额分别减少68.1%、38.3%；在中南美地区韩国对墨西哥、巴西、凯曼群岛投资额分别增加291.7%、84.4%、14.7%，对巴拿马投资额减少23.4%。一季度韩国投资额前五位的国家分别是：美国（42.1亿美元）、凯曼群岛（12.6亿美元)、卢森堡(9.0 亿美元)、中国(8.6 亿美元)、越南(7.2 亿美元)。

表 10-1　韩国海外直接投资的地区变动情况(单位:百万美元)

	2018		2019		2020		2020.1Q		2021.2Q	
	新设法人	投资额	新设法人	投资额	新设法人	投资额	新设法人	投资额	新设法人	投资额
北美洲	572	11 743	691	16 583	547	17 837	176	6 505	101	4 473
比重	16.1%	22.8%	17.2%	25.8%	22.7%	31.5%	22.0%	45.4%	21.5%	39.9%
增长率	-0.7%	-25.1%	20.8%	41.2%	-20.8%	7.6%	18.1%	45.6%	-42.6%	-31.2%
亚洲	2 394	17 659	2 572	20 508	1 376	18 138	477	3 602	259	2 664
比重	67.4%	34.3%	64.0%	31.9%	57.1%	32.1%	59.7%	25.2%	55.1%	23.7%
增长率	2.9%	32.2%	7.4%	16.1%	-46.5%	-11.6%	-18.7%	-32.2%	-45.7%	-26.0%
欧洲	331	11 908	384	14 252	246	10 186	77	2 555	55	2 111
比重	9.3%	23.2%	9.6%	22.1%	10.2%	18.0%	9.6%	17.9%	11.7%	18.8%
增长率	19.5%	66.3%	16.0%	19.7%	-35.9%	-28.5%	-22.2%	-19.9%	-28.6%	-17.4%
中南美洲	145	8 316	245	10 817	120	8 209	34	1 372	34	1 626
比重	4.1%	16.2%	6.1%	16.8%	5.0%	14.5%	4.3%	9.6%	7.2%	14.5%
增长率	7.4%	21.9%	69.0%	30.1%	-51.0%	-24.1%	-33.3%	-19.1%	0.0%	18.5%

资料来源:韩国进出口银行

从投资行业变动来看,2021 年第一季度金融保险业投资额达 53.7 亿美元,增加 75.4%,创历史新高(见表 10-2)。其中,对美国(29.2 亿美元)和凯曼群岛(10.8 亿美元)投资额分别增加 145.8%、33.3%;制造业投资额 28.4 亿美元,同比减少 14.3%,其中,汽车(6.52 亿美元)、电气设备(5.88 亿美元)、橡胶塑料(1.19 亿美元)投资额分别增加 32.0%、23.4%、8.6%;电子零部件(74.8 亿美元)、化学物质(1.35 亿美元)、金属制造业(0.9 亿美元)投资额分别减少 16.1%、44.5%、69.5%;房地产业投资额 9.7 亿美元,同比减少 55.3%。其中,对凯曼群岛(1 亿美元)、新加坡(1.34 亿美元)的投资额大幅增加,增幅为 11 611.6%、169.4%,对美国(2.73 亿美元)、卢森堡(2.1 亿美元)的投资额分别减少 60.1%、27.6%;批发零售业投资额为 4.6 亿美元,较去年减少一半。其中,对越南(2.68 亿美元)投资额增加 1 501.8%,对美国、新加坡投资额分别减少 87.3%、95.1%。在批发零售业中,汽车及零部件销售(2.81 亿美元)的投资额增加 725.8%,但是商品中介和一般零售的投资额分别减少 72.8%、92.7%。

表 10-2　韩国海外直接投资的行业变动情况（单位：百万美元）

	2018		2019		2020		2020.1Q		2021.1Q	
	新设法人	投资额	新设法人	投资额	新设法人	投资额	新设法人	投资额	新设法人	投资额
金融保险	252	17 384	365	25 626	221	18 406	54	3 061	57	5 369
比重	7.1%	33.8%	9.1%	39.8%	9.2%	32.5%	6.8%	21.4%	12.1%	47.9%
增长率	37.7%	30.8%	44.8%	47.4%	−39.5%	−28.2%	−28.9%	−40.8%	5.6%	75.4%
制造业	1 145	16 265	1 224	18 600	651	13 267	224	3 294	128	2 824
比重	32.2%	31.6%	30.4%	28.9%	27.0%	23.4%	28.0%	23.0%	27.2%	25.2%
增长率	3.5%	83.1%	6.9%	14.4%	−46.8%	−28.7%	−23.8%	−43.8%	−42.9%	−14.3%
房地产	209	5 293	255	7 792	188	7 705	67	2 164	31	968
比重	5.9%	10.3%	6.3%	12.1%	7.8%	13.6%	8.4%	15.1%	6.6%	8.6%
增长率	34.0%	39.9%	22.0%	47.2%	−26.3%	−1.1%	39.6%	30.7%	−53.7%	−55.3%
批发零售	751	2 495	820	2 154	463	2 937	153	1 104	98	459
比重	21.1%	4.9%	20.4%	3.3%	19.2%	5.2%	19.1%	7.7%	20.9%	4.1%
增长率	−2.2%	−73.7%	9.2%	−13.6%	−43.5%	36.3%	−15.9%	48.6%	−35.9%	−58.4%

资料来源：韩国进出口银行

从企业类别变动来看，2021 年第一季度非盈利团体等所属部门的新设法人数（17 家）和投资金额（15.3 亿美元）分别增加 30.8%、37.2%，大型企业、中小企业、个人及个人企业的新设法人数和投资规模都有所减少（见表 10-3）。

表 10-3　韩国企业海外直接投资企业类别变动情况（单位：百万美元）

	2018		2019		2020		2020.1Q		2021.1Q	
	新设法人	投资额	新设法人	投资额	新设法人	投资额	新设法人	投资额	新设法人	投资额
大型企业	610	33 674	647	39 110	436	33 779	127	9 250	93	7 326
中小企业	1 871	10 443	2 119	17 340	1 329	13 223	439	3 783	267	2 215
非盈利团体	66	6 387	75	7 123	73	8 796	13	1 116	17	1 530
个人	954	864	1 087	717	515	728	200	151	82	141
个人企业	53	43	92	82	58	55	20	15	11	6
总计	3 554	51 412	4 020	64 372	2 411	56 581	799	14 314	470	11 218

资料来源：韩国进出口银行

从投资规模变动来看，2021 年第一季度除 1 000 万～ 5 000 万美元投资规模区间的投资金额同比增加 7.4% 外，其他投资规模区间同比减幅较大。其中，超过 1 亿美元的投资比重降幅最大（见表 10-4）。

表 10-4 韩国对外直接投资规模变动情况（单位：百万美元）

	2018	2019	2020	2020.1Q	2021.1Q	增长率
500 万美元以下	5 376	5 550	4 514	1 386	1 189	-14.2%
500 万～1000 万美元	3 052	3 376	2 987	946	820	-13.4%
1000 万～5000 万美元	12 157	15 862	13 628	3 387	3 637	7.4%
5000 万～1 亿美元	8 347	9 838	8 924	1 933	1 569	-18.8%
1 亿美元以上	22 480	29 746	26 528	6 660	4 002	-39.9%
总投资金额	51 412	64 372	56 581	14 314	11 218	-21.6%

资料来源：韩国进出口银行

三、对韩招商的对策

根据韩国对外直接投资变动趋势可知，韩国对中国投资比重仍逐年增加，投资行业多倾向于汽车、电气设备、橡胶塑料行业，投资规模呈不断缩减趋势。因此，对韩招商引资不仅要聚焦重点行业“招大引强”，还要做到“创新引领”，引进一批独角兽企业。同时要主动“搭建平台”拓宽引资渠道，“转变机制”，提升营商软环境。具体建议如下。

（一）招大引强，打造高端产业集群

依托悦达起亚、华人运通、SKI 动力电池，瞄准从零部件到整车、从生产到服务的新能源汽车全产业链，对接汉拿伟世通、LG 化学，重点关注电池、电机、电控等核心零部件的研发生产企业。积极引导现代汽车在盐城投资新能源整车项目，带动一批新能源汽车零部件企业集聚，建成新能源汽车生产基地。依托英锐半导体、大唐半导体等现有电子信息产业龙头企业，积极建立与三星电子、LG 电子等韩国信息领域先进企业的联系，聚焦智能终端、集成电路、人工智能等关联产业，加快突破设计、晶圆、芯片、封装、测试等产业链项目，打造中国电子信息港江苏产业基地[①]。

（二）创新引领，培育产业发展新动能

围绕互联网、大数据、云计算、人工智能、软件和集成电路、高端装备制造等战略性新兴产业和未来产业，结合盐城产业特色，梳理产业链图谱和

① 寇铮，殷凤春. 中韩（盐城）产业园高质量发展路径研究：基于“双循环”新发展格局 [J]. 盐城师范学院学报（人文社会科学版），2022，42（4）：33-41.

关键环节，瞄准韩国 SOCAR、Coupang、薇美铺、Yello Mobile、KRAFTON 等具有前沿引领技术、现代工程技术、颠覆性技术的独角兽企业、隐形冠军企业、专精特新“小巨人”企业编制《招引指南》，通过引进一批创新能力强、成长速度快、能够引领和支撑产业发展的韩国创新龙头企业，推动盐城企业走“专业化、精细化、特色化、新颖化”的发展之路，催生一批具备新技术、新模式、新业态的独角兽企业，打造前沿产业“独角兽”群栖生态场。

（三）搭建平台，拓宽招商引资渠道

依托中国（盐城）跨境电子商务综合试验区和综保区等功能载体积极创造和搭建韩商企业投资合作平台，发挥企业在招商引资中的主体作用。同时，充分发挥大韩贸易投资振兴公社、中国亚洲经济发展协会等行业协会在行业研究、投资信息掌握和联络渠道开拓等方面的专业优势，策划和开展有针对性的招商联络和项目洽谈工作，不断提高招商引资实效，形成“以商招商、以企引企”的良性格局。

（四）转变机制，提升营商软环境

在巩固“资源 + 项目”“园区 + 项目”招商的同时，全面构建“基金 + 项目”“平台 + 项目”“品牌 + 项目”的招商新机制。积极复制推广自贸区相关政策措施，全面落实行政审批“2330”改革，持续推进“多测合一”改革、稳步拓展“信用承诺制”范围，主动对标国际一流标准，不断寻找企业的“痛点”，切实提高改革的针对性和精准度，持续提升营商软环境。同时，要明确部门和属地责任，抓好督促落实，建立挂图作战机制，明确路线图、时间表、责任状，推进工作量化、细化、目标化，确保重大项目提速落地见效。

第三节　盐城打造中韩合作新高地的路径

在外部环境“黑天鹅”事件与内部经营情况的共同作用下，盐城与韩国合作空间不断缩小，韩国商品在中国市场表现疲软，亟须寻找新的合作方案，解决当前问题。虽然韩系品牌在中国市场的占有率一再下滑，但是在全球市场需求仍不断提升。盐城在原材料和人工费等方面仍具竞争力，并且供应链体系完善，采购零部件便捷。因此，将盐城打造为“在华韩企全球最大出口制造基地”，重塑供应链，撬动全球市场是现阶段对韩合作的重要任务。

一、经验借鉴

江苏省太仓市先后被中德两国政府部门授予中国唯一的中德企业合作基地、中国首个中德中小企业合作示范区。加快太仓中德中小企业合作区建设写入《长江三角洲区域一体化发展规划纲要》，对德合作主要做法写入科技部《科技创新共塑未来·德国战略》。借鉴太仓对德招商成功经验，对打造中韩合作高地具有十分重要的借鉴意义。

（一）太仓市对韩合作概况

自 1993 年首家德资企业克恩－里伯斯落户太仓以来，太仓依托独特的区位优势和良好的营商环境，吸引了大批德资企业落户。“十三五”期间，太仓新增德资企业 112 家（见表 10-5），落户德企累计达 364 家。落户德企总投资超 50 亿美元，年工业产值逾 500 亿元，年吸纳劳动力近 3 万人，亩均产值、利润、税收分别达 1 400 万元、150 万元和 110 万元。至 2021 年 8 月，太仓制造业德企占在华德企总数的 10%，且半数以上的德企在太仓开展本土化研发创新，90% 以上的早期落户德企完成了增资扩产。600 多家本土企业、科研院所与德企开展了多种形式的合作，形成了以高端装备和汽车核心零部件为主的创新产业集群，实现了从德企单向投资到中德企业双向互动的转变。

表 10-5 “十三五”期间太仓德资招引情况

类别	2020 年	2019 年	2018 年	2017 年	2016 年
新批外资项目（家）	102	76	66	83	49
德资项目（家）	32	20	23	21	16

（二）太仓市对德合作经验

德企落户太仓“偶然”中带着“必然”。德资企业普遍认为太仓距离上海近，出行和物流便捷，高级管理人才和专业技术人才充足，德国风情的商业街区和生活配套设施完善，与太仓政府沟通顺畅，营商环境良好。近年来，越来越多的德企涌入太仓。这些都离不开以下几点。

1. 创新招商方式，打造太仓云招商服务平台

太仓市充分运用现代信息技术，建立运行太仓市云招商平台。平台主动对接苏州全球产业链，链接投资意向、产业用地、平台载体等业务数据，完善在线咨询和“点对点”精准对接等服务功能，推动优质项目的有效捕捉与精准对接，为精准招商工作提供数据和技术支撑。太仓市创新开展云洽谈、云签约、云推介等一系列“云招商”举措，确保招商热度“不降温”、招商服务“不掉线”，通过视频会议、邮件等多种方式，抓好项目跟进。在商务部支持下，太仓市设立太仓法兰克福办事处，方便德国企业了解太仓，成为太仓与德企沟通的桥梁和平台。通过德中工商技术咨询服务公司、德国商会、史太白中心、德国中心研究所等机构加强以商引商，与引进的已落户企业保持互动，主动了解企业发展规划、聆听反馈企业诉求，有效拓宽德资招引“朋友圈”。

2. 搭建平台载体，提升对外交流合作水平

借鉴德国城市建设与生态环保理念，建成一批具有德国风情的商业街区和生活配套设施，建设“中德合作中心”“双元制培训中心”“太仓德国风情街”等合作载体平台，为打造全方位、深层次的对德合作交流提供了便捷服务。先后与德国于利希市、莱茵内卡大区缔结友好关系，连续10多年举办德国太仓日、太仓啤酒节等经贸文化交流活动，德国的社会生活和人文特质融入太仓文化中，吸引着越来越多的德国企业和德国客商来到太仓、扎根太仓成为太仓保持对德合作先发优势，增强了对德招商引资竞争力，产生了强大的磁吸效应。目前，共有约3 000名德国人常年在太仓工作生活，其中1 000人左右常住太仓。

3. 强化政策引导，营造良好营商环境

太仓市先后制定实施《太仓市对德合作产业发展专项资金使用办法（试行）》《太仓市推动对德合作产业发展若干政策》等政策文件（见表10-6），有力吸引了德资企业落户太仓。深入开展“项目建设提速年”活动，紧盯有效投入，排出“时间表”，列好“作战图”，全力以赴抓进度，确保建设进度力争“最前面”；在全国率先推出土地出让“双信三即”模式，在全省率先推出“建设工程规划许可证电子报批”，在苏州率先推出项目审批多规合一的“一张蓝

图”系统，确保行政审批力争“最极速”；深入开展“三优三保”、产业用地更新“双百”行动、征收拆迁“清零”计划，健全重大产业项目用地优先保障机制，统筹调拨全市用工、用电和金融，确保资源要素保障力争“最给力”。

表 10-6　太仓市支持对德合作的相关政策统计

出台时间	政策类型	政策名称	政策目标
2021-07-06	战略规划	《太仓市进一步深化对德经贸合作打造中德中小企业合作示范区“十四五”实施方案》	放大对德合作优势，做亮特色，提升能级，打造中德合作城市典范
2021-07-06	人才政策	《太仓市对德合作专项补充意见十一条（试行）》	缓解阶段性德企用工难、留人难等问题，提升双元制培训能力
2020-11-25	工业经济	《太仓市推动对德合作产业发展专项资金管理办法》	全面深化对德合作，促进对德产业发展，构建全方位对德合作平台
2020-11-04	工业经济	《太仓市推动对德合作产业发展若干政策》	构建全方位对德合作平台，提高对德合作的层次和水平，加快建设太仓中德中小企业合作区
2020-04-16	战略规划	《2020 年太仓市对德合作工作要点》	加快建设太仓中德中小企业合作区，做亮“中德合作”品牌优势
2019-07-08	战略规划	《2019 年太仓市对德合作工作要点》	不断提升对德合作层次和水平，为把太仓对德合作打造成为继中新合作、两岸合作之后苏州对外合作的又一新平台
2018-07-30	战略规划	《太仓市产业升级三年行动计划（2018—2020 年）》	逐步深化对德合作，成为全国知名的欧美高端制造业集聚区
2018-07-06	人才政策	《关于深化产教融合加快“双元制”教育发展的实施意见》	推进教育链、人才链与产业链、创新链有机衔接，实现人才培养供给侧与产业发展需求侧结构要素全方位融合
2017-09-11	科技金融	《太仓市对德合作产业发展专项资金使用办法（试行）》	推进德资项目的引进落户、做大做强、双元制教育、平台载体建设

（三）太仓经验对盐城优化与韩国合作的启示

1. 搭建云招商服务平台，打造韩商“云端”会客厅

一是科学绘制盐城招商热力图。以电子地图为基础平台，嵌入投资考察线路图、平台载体引导图、产业用地供应图、投资合作机会图、产业链合作对接图、国别企业集聚图 6 幅产业经济图，通过“地图 + 信息”模式，生动、全面地推介盐城营商环境、投资政策和投资信息空间布局，全方位、多角度展现盐城投资机遇。二是搭建盐城“云招商”服务平台。针对政府招商痛点、

项目落地难点、企业发展卡点，充分整合产业研究、产业招商、项目落地、企业运营、产业协同等企业服务全产业链资源，构建集招商服务、项目管理、智慧政务等核心功能于一体的盐城云招商服务平台，实现“五个一”（一个平台、一个窗口、一门受理、一键办理、一键分析）高效运转，减少日常投资交流、投资洽谈、项目流转、项目管理等工作时间成本，提升工作效能。三是创新招商方式。积极通过微信公众号、抖音、快手、Naver 论坛（韩）、Kakao TV（韩）等现代自媒体手段大量投放招商信息，开放式地进行推介宣传，开展“网上招商会”“直播展会”“直播签约仪式”等网络招商活动，大力推动与韩商开展点对点、屏对屏的连线洽谈、云考察、邮寄签约等服务招商，打造韩商“云端”会客厅，确保服务企业不隔断，持续不断推进投资促进和招商工作。

2. 推进产教融合，打造韩资特色学徒制“盐城样本”

一是构建产教融合发展体系。依托盐城产教融合发展研究院，围绕盐城重点发展的汽车、新能源、电子信息和高端装备制造等战略性新兴产业和港口物贸、旅游康养等现代服务业，引入“双元制”人才培育模式，加快职业教育优质资源引进与本土化开发，构建盐城“双元制”教育系统化、标准化、规范化、品牌化的课程体系、师资体系、教材体系、培训体系。二是建立多级人才培养架构。引进国内外著名院校来盐办学，加强与韩国科研机构、企业和院校合作；推动盐城师范学院、盐城工学院与韩国知名高校联合办学，提升办学层次；推动盐城工业职业技术学院与悦达起亚、SKI 等大型韩资企业进行校企合作，共建产业学院；推动盐城机电高等职业技术学校与韩资企业共建“韩国企业专业工人培训中心”，培养中职层次的熟练工和技术骨干。构建起“研究生、本科、大专、中专”多层次有序衔接的人才培养体系。三是强化韩企培养主体作用。鼓励现代摩比斯、SKI 等韩企广泛参与职业院校专业规划、课程设置、教材开发、教学设计、实习实训以及质量评估与职业院校合作建立技术技能人才培养招聘基地，引导企业参加盐城职业教育改革，推进教育链、人才链与产业链、创新链的有效衔接。

3. 营造韩式场景，打造江苏对韩开放第一窗口

一是加快对韩基础设施配套建设。发挥江苏唯一对韩日全货机航线优势，加密大丰港对韩航班，优化盐韩“海空走廊”。依托盐城跨境电商综合试验区，建设盐城中韩跨境电商展示展销中心，大力发展中韩跨境电子商务。加强同新韩银行等金融机构的交流与联系，推动韩国金融机构来盐设立分支机构，进一步提升对韩金融服务能力。二是加快推动韩风国际文化名城建设。“一中心四街区”（中韩文化交流中心、名品商贸街区、科研总部街区、影视文娱街区和健康医疗街区）的韩风国际文化名城建设要在规划布局、功能定位、建筑色彩、建筑风格等方面融入更多韩国的标准和理念布局，吸收更多韩国元素，打造盐城韩国风情街，营造韩味生活场景。同时要加快建设中韩文化公园、中韩路步行街、学校、医院等设施配套。三是扩大社会事业对韩交流合作。依托国家级中韩产业园载体，持续举办中韩贸易投资博览会，“一带一路”商协会圆桌会议（盐城）峰会，积极推动中韩书法作品展、文化旅游推介、少年足球邀请赛等一系列对韩人文交流活动，提升盐城在韩国的美誉度。

4. 优化营商环境，打造对韩“盐舒心”营商品牌

一是主动对标国际一流标准。不断寻找韩企经营过程中的堵点、痛点、难点问题进行整改清零。出台各类政策支持韩企落户、支持韩企做大做强、支持对韩合作交流、鼓励本土企业赴韩投资，打造中韩双语政策发布平台，实现政策实时推送，加强对悦达起亚、SK1 等项目“一对一”服务，提升对韩企服务的质量和效率。二是深化放管服改革。深化“一窗受理、一网通办、一件事一次办”，推动审批服务流程再造，全面叫响“盐舒心”营商品牌。推行外资外贸企业“一件事”改革与标准化建设，发挥“互联网 +”优势，建立全生命周期便利化、定制化专业服务。三是全面完善人才保障体系。大力打造国内外人才来去自由的“软口岸”，提高外籍高层次人才居留盐城的便利度，落实人才“八个一”服务举措，解决医疗、子女入学、住房等方面问题，提升人才培训、交流、咨询、法律等配套服务，努力创造尊重知识、鼓励创新、宽容试错的用人环境。

二、盐城打造中韩合作高地的路径

（一）现阶段对韩合作的重点任务

1. 强信心，推动韩资企业稳规模优结构

一是加量，引导韩资企业主动“加仓”盐城。发挥盐城完整的汽车产业体系、稳定的社会大局、优质的营商环境、长期向好的经济基本面等“磁吸力”，继续为韩资企业在盐城发展创造良好的基础，让韩资企业“敢追投”“放心干”。二是提质，推动韩资企业投资领域从低端制造业转向高技术产业跨越。调整优化鼓励进口技术和产品目录，加大新一代信息技术、高端装备、新能源新材料、绿色化工、节能环保等关键技术、重要设备及零部件进口贴息力度，鼓励韩资企业往“高”攀升，向“新”进军。三是创新，驱动韩资企业“在盐城制造”走向“在盐城创造”。支持 SK、KIA 等韩资研发中心与新型研发机构、科技领军企业等本地创新主体，通过多种形式，构建紧密的创新合作伙伴关系，共同融入全球创新网络，助推企业产品与市场双优化，实现生产、研发“在中国、销全球”。

2. 拓市场，推动韩资企业抢订单开新局

一是寻商机，助力韩资企业加速“走出去”。组织实施境外市场开拓计划，“一企一策”制订国际市场开拓方案，鼓励加大对新兴市场、“一带一路”沿线国家、RCEP 国家产品出口支持力度，引导韩资企业用好 RCEP 等自由贸易协定互惠措施，指导韩资企业用好原产地自主声明便利化措施，帮助悦达起亚企业巩固好沙特、智利、埃及、菲律宾等出口市场，拓展好“一带一路”和 RCEP 国家市场。二是建渠道，做大做强贸易主体。推进贸易数字化，支持韩资企业通过虚拟现实打造云工厂、云展示、云直播、云洽谈，加快贸易全链条数字化赋能；创新提升“跨境电商 + 产业链”模式，加大国内外知名跨境电商平台、卖家、独立站、服务商、MCN 机构（直播经纪公司）等主体引进，鼓励韩资企业与本地企业共建海外站。三是保畅通，优化韩资企业通关作业流程。推动海关、港口局等口岸部门单位主动靠前，建设汽车出口专用堆场及场装作业区域，推动“智慧口岸”建设。持续推进“两步申报”“提前申报”改革，为韩资企业提供更多适合不同业务特点的通关申报模式选择，深化开展“船边直提”“抵港直装”“离港确认”“联动接卸”改革试点，最大限度缩短了货物在港时间。

3. 稳生产，推动韩资企业保运行促发展

一是强保障，精准施策促“四链”协同。强化精准用工、原材料供给、基础配件供应、物流运输、金融资金、行政审批等方面保障，整合行业和地区资源形成联动，全力激活产业链、打通资金链、人才链、供应链，推动上下游、大中小企业协同。二是防风险，健全供需“红黄蓝”预警机制。加强对开发区等韩资密集区地区，SK、KIA 等重点企业运行情况监测，推动关键节点企业稳产达产，完善汽车、电子信息产业链供应链协调平台，健全大宗产品供需“红黄蓝”预警机制，加强汽车芯片供给，确保汽车、集成电路、动力电池等重点产业链供应链稳定畅通。三是优服务，打通便企“最后一千米”。以企业需求为导向，以优化业务流程为重点，以办结时效为标准，建立并实施韩资项目代办制度。重点围绕审批服务、公共服务、中介服务和要素保障服务，全力服务韩资企业，建立全生命周期服务、全链条服务制度，真正做到“广服务、重联动、真解决”，切实打通韩资企业服务“最后一千米”。

（二）盐城打造中韩合作高地的路径

1. 立足既有优势，抢抓政策机遇

一是立足区位优势，抢抓“一带一路”建设、长三角一体化发展战略机遇。依托空港、海港两个国家一类开放口岸，进一步加强同“一带一路”沿线国家和地区战略对接，全面接轨大上海，融入长三角。加快推进机场航线开辟、港口航道建设、铁路站点联通，畅通海、陆、空物流通道，构建韩国商品出口中国的集散地和江苏特色商品出口的新通道，将盐城打造成为江苏对外合作“两城两区一门户”（融入“一带一路”建设节点城市、长三角一体化中心城市、中韩产业合作示范区、绿色低碳发展示范区、淮河生态经济带出海门户）。二是立足产业优势，抢抓 RCEP 生效实施机遇。依托“5+8+10”23 条产业链，全面对接国际高标准市场规则体系，引导产业链利用 RCEP 原产地规则优化延伸，推动“制造业服务化”和“服务业制造化”。聚焦外贸企业降本增效和海外市场开拓，编写 RCEP 盐城优势产业商品目录，辅助企业研判市场和产品研发，帮助企业更好地融入国际市场、参与国际竞争。放大“RCEP”整合器作用，用好国内国际两个市场、两种资源，寻求新增长点，释放新活力，助推盐城产业链、供应链、价值链高端攀升，生产端和需求侧的产业链、供应链自主可控。三是立足生态优势，抢抓“双碳”发展机遇。用好海上“风光”资源，深化同韩国在漂浮式海上风力发电等领域的合作，大力发展海上风电产业，借鉴新万金“可再生能源产业集群”建设经验，打造黄海区域绿色能源体系，用好资源“聚宝盆”，端起绿色“金饭碗”。深化同韩国在碳减排、碳交易方面合作，建立完善足迹评价体系、探索具有盐城特色的碳普惠模式、健全碳减排激励机制等，共同推动盐城绿色低碳高质量发展。

2. 瞄准未来产业，推动创新合作

一是瞄准“绿色”产业，塑造新优势。围绕“新技术、新工艺、新材料、新装备、新能源”，积极谋划面向未来的低碳零碳产业技术体系布局，加强与韩国在新能源汽车、动力电池、晶硅光伏、电子信息等新型低碳产业合作，努力打造能源清洁化、原料低碳化、材料功能化、过程高效化、资源循环化的中韩合作示范园。着力引进现代氢能源汽车，构筑起涵盖氢燃料电池汽车及车用氢能制、储、运、加全产业链协同的研发产业体系。二是瞄准“数字”产业，实现新突破。按照“网络先行、平台支撑、应用牵引、产业为本”原则，把腾“云”驾“数”，作为当下和将来做好工作的一项“基本功”。与韩国在电子信息、数字融合、虚拟现实及信息安全领域组建四个创新联合体，努力实现在元宇宙、物联网、虚拟现实、区块链、人工智能等产业领域的创新突破，抢占数字革命的主动权。三是瞄准“康养”产业，实现新跨越。依托盐城湿地资源，探索“湿地＋康养”发展新模式，推动养生度假、温泉疗养、文旅康养、生态体验等集群建设。加强与韩国在“生物制药、医疗器械、康养美容”细分领域的精准对接，打造“国别＋细分领域”系列合作模式，不断完善“双链（创新链＋产业链）＋生态圈”双向投资促进的闭环链条，积极建设生命健康产业跨境合作平台。

3. 打造人才高地，推动企业转型

一是顺应发展趋势，推动企业产品转型。引导韩资企业抢抓汽车产业深刻变革战略机遇，顺应汽车产业电动化、智能化、网联化发展趋势，聚焦解决产品创新研发“卡脖子”难题，列出技术研发清单。根据产品创新研发需求，帮助韩资企业精准引进一批“带项目、带技术、带资金”高层次领军人才和技术创新团队，强化人才软硬配套，努力打造人才“梦想港湾、事业港湾、生活港湾”，实现“产业聚集人才、人才支撑产业”互融互促的发展局面，为韩资企业产品转型提供人才支撑。二是探路“智改数转”，推动工厂数字化转型。鼓励有条件的韩资龙头企业、链主企业开放数据资源，带动中小企业融入数字化应用场景和产业生态，解决不愿转问题。树立具有行业代表性的韩资企业数字化转型标杆，解决不敢转问题。为韩资企业培育一批既懂生产工艺又熟悉信息网络技术的专业人才，解决不会转问题。三是打造全球工厂，推动企业市场转型。引导韩资企业在面向国内市场积极转型的同时，积极融入“双循环”、加速国际化进程和全球化产业布局，依托盐城供应链完整、制造成本低廉等产业优势，打造全球汽车出口基地。推动海关、港口局等口岸部门单位主动靠前、积极作为，开拓汽车滚装业务、增加出口航线，组织专人深入企业开展汽车出口业务政策解读，指导企业优化建设汽车出口专用堆场及场装作业区域，推动“智慧口岸”建设。加快实施口岸降本增效，打出系统性、集成化的提效降费促便利“组合拳”，全面服务港航物流、进出口企业，不断提升口岸跨境贸易便利化水平。

4. 优化营商“软环境”提供发展“硬支撑”

一是用盐城速度，助推项目“加速度”。项目办理推行“告知承诺＋并联审批＋全程网办”，通过容缺受理、分段办理等方式，推动实现“拿地即开工”，确保重大项目审批提速增效。依据韩资企业现实需求、发展需要、困难诉求，主动优化业务流程、资料内部共享、推进并联审批、减少办理环节等方式，大力推进服务事项减时间、减环节、减材料、减跑动，营造“审批最简，机制最活，成本最低，效率最高，服务最好”的投资软环境。二是用盐城温度，当好暖心“服务员”。要瞄准韩资企业最关心、最迫切的问题，想企业之所想、急企业之所急，强化服务企业发展和项目建设的“店小二”意识，帮扶韩资企业做大做强。要进一步巩固和深化亲、清新型政商关系，定期召开企业家会议，大力营造亲商、重商、安商的浓厚氛围。要强化政府搭台、银企合作，用足用好产业发展基金，搭建银企合作平台，着力解决韩资企业融资难、成本高等难题。三是用盐城力度，打造投资“新高地”。坚持“五个环境建设”（政策环境着眼综合更优，市场环境着眼公平有序，政务环境着眼高效便利，法治环境着眼公正透明，人文环境着眼亲商安商）一体推进，持续擦亮“盐诚办”服务品牌；大力推行“双随机一公开”监管模式，进一步规范涉企行政执法检查，最大限度减少对企业正常经营干扰；加大典型案件查处和曝光力度，始终以“零容忍”的态度惩治破坏营商环境的各种违规违纪违法行为。让韩资企业在盐城运营成本最低、办事效能最高、贸易投资最便利、发展预期最稳定。

5. 加强形势研判，强化风险预警

一是加强韩国政府政策调整研判，强化风险识别。帮助韩资企业增强风险意识，树立底线思维，把极端情形和风险思考得更深入一些，堵住漏洞、强化弱项，下好先手棋、打好主动仗。加强韩国政府政策调整的前瞻性分析研判，完善风险研判处置机制，提升风险识别、精准有效处置能力，力争做到风险早发现、早报告、早研判、早处置。二是构建风险评估体系，加强风险预警。遵循客观性、系统性、科学性、可测性等原则，建立涵盖政策风险、汇率风险、税收风险、法律风险等各方面风险评估指标体系，对外交事件、突发公共卫生事件等引发的风险问题进行有效评估，帮助企业战略决策与政府公共治理，实现全面、有效、深度监管，把好风险防控第一关。三是制定应急预案，与韩资企业共度风雨。针对国际关系恶化、公共卫生事件等外部不确定性风险，建立问题收集、协调解决、监测预警和突发事件快速响应机制。发挥韩资企业工作专班作用，建立“一企一策”精准服务机制，开展应急企业帮扶，用盐城温度帮助韩资企业疏堵点、解痛点，消难点、接断点，保障企业人流、物流、资金流、信息流高效畅通，有效解决外资企业面临的实际困难。完善专项应急处置方案，加大突出共性问题解决力度，确保发生应急第一时间响应、第一时间应对处置，最大限度减少损失，全面提升服务保障能力水平。

第十一章　融入东北亚经济圈

习近平主席在第四届东方经济论坛全会上发表题为《共享远东发展新机遇 开创东北亚美好新未来》的致辞中，提出要增进互信、深化合作、互学互鉴、着眼长远的四点看法，为构建东北亚经济圈、推动本地区多元化和可持续发展规划了蓝图，注入了新动力。沿黄海城市带是中国面向东北亚地区的开放前沿，是融入国际国内“双循环”，构建中、日、韩“小循环”的关键板块。盐城作为长三角地区韩资企业最集聚的城市、全省沿海经济带的重要节点、开放沿海的主阵地，融入东北亚经济圈，是全面推进对外开放，进一步向“海”发展，借“海”登高的内在要求。

第一节　东北亚经济圈概况

随着经济全球化进程的加快，东北亚成为全球发展最具活力的地区之一。东北亚地区发展基础良好，经济十分活跃，各国经济互补性强，双边合作成效显著，开展经济合作具有很大潜力。长期以来，中、日、韩三国已经形成了极为密切的产业链、供应链关系，形成了以三国合作为基础，引领整个东北亚经济并辐射全球的生态网络。

一、东北亚经济圈概况

东北亚，即亚洲东北部地区。东北亚包括中国、日本、韩国、蒙古国、朝鲜，以及俄罗斯远东联邦地区，陆地面积有 1 600 多万 km^2，占亚洲总 面积约 40%[①]。区域内中国是世界上最大的发展中国家，俄罗斯是世界上最大的经济转型国家，日本是世界上市场经济最发达的国家之一，韩国是新兴的工业化国家，正处于体制改革初期的朝鲜是世界政治经济发展中的热点地区，蒙古国则是落后的农牧业国家，这种经济多样性和多层次性，使得这一地区成为当今世界经济发展最具潜力和活力的地区之一[②]。

二、东北亚经济圈发展潜力

（一）契合地区多国自身发展战略

日本的日本海经济圈、俄罗斯的远东大开发战略、韩国的欧亚计划、朝鲜的罗先开发、蒙古国陆海运输通道的积极建设，以及中蒙俄经济走廊等战略的实施，都为东北亚经济圈的合作创造了有利条件。早在 2016 年，中国便推出了一系列与振兴东北老工业基地相关的政策，近年来更是以“一带一路”倡议的深入实施为基础，推动形成陆海联动、东西互济的经济合作格局。因此，东北亚经济圈的构建具备稳定的政治基础，是地区各国实现自身发展战略的有效交叉点。

（二）具备经济要素互补的优势

中国幅员辽阔，人口众多，煤炭、石油、木材等资源人均占有率较低，韩国和日本也是资源进口国。而东北亚地区的资源储量较为丰富，能源开采率较低，能够为地区能源进口提供一定的支持。相对应地，中日韩制成品出口较为发达，在经济合作中可提供劳动力和科学技术，这些生产要素互补可使东北亚国家的经济发展相互支持，形成进出口贸易的动力来源。

（三）具备内生动力基础

推进东北亚区域经济一体化大战，形成巨大的区域市场，符合地区各国发展利益。通过推进东北亚经济圈建设，逐步确立多边合作机制，将促进“一带一路”建设继续向东北亚地区延伸，有利于该地区经济繁荣和地缘政治

① 崔荧奎 . 共建“东北亚经济走廊”路径选择 [J]. 中国投资，2019（23）：50-51.

② 董崇黎 . 关于威海经济融入东北亚经济圈的策略研究 [D]. 青岛：中国海洋大学，2023.

关系稳定，以及中国东北地区经济的振兴。近年来，中日、中韩、中俄、中朝、中蒙等双边经济交流与合作越来越紧密，为推动经济圈一体化进程创造了有利条件。

三、东北亚经济圈发展困境

（一）东北亚地区国际关系较为复杂

东北亚经济圈既有典型的发达资本主义制度，也有发展中的资本主义制度，还有传统的社会主义制度以及改革和探索中的社会主义制度，同时也存在着由社会主义向资本主义转变的社会制度。东北亚经济圈既有资本主义市场经济体制，也有社会主义市场经济体制，同时，还有社会主义计划经济体制以及由社会主义计划经济体制向资本主义市场经济体制转变的转轨体制。社会制度、经济体制的差异，再加上各国民族、语言、文化传统、历史渊源、宗教信仰和风俗习惯不同，促使东北亚经济圈国际关系错综复杂。

（二）经济发展与合作不够平衡

东北亚经济圈既有像日本这样的发达国家，又有像韩国那样的新兴工业化国家；既有像俄罗斯那样的地区经济发展极不平衡的中等发达国家，又有像中国经济发展水平显著不一的国家，还有像朝鲜、蒙古国欠发达国家。由于东北亚各国经济发展水平处在不同的发展阶段，经济发展水平的巨大落差和多层次的经济结构，决定了东北亚经济圈的经济合作必然表现为一种复合型的国际分工。总体上看，表现为以日韩提供资金、技术，中国提供劳动力，俄罗斯、蒙古国和朝鲜等国提供资源为特征的分工合作模式。

（三）合作机制并不健全

东北亚地区当前虽然存在中蒙俄经济走廊、中日韩领导人会议、俄罗斯创办的东方经济论坛等多个小多边合作机制，但覆盖面不够全，影响力不够大，难以成为东北亚合作机制的形式。东北亚地区国家间经济合作大多依靠企业自身驱动，存在一定的盲目性，缺乏可靠的合作机制的保障，因此不仅针对性不足，还存在信息滞后、缺乏长效机制等问题。另外，国家间对区域经济合作的监督力度有待提升，对合作项目的成效和进度方面缺少追踪，影响了区域经济合作取得实效。

（四）全球区域合作新发展趋势带来竞争和挑战

当前，东盟各国和中日韩三国都参与的区域全面经济伙伴关系协定（RCEP）正式实施，日本主导推动的全面与进步跨太平洋伙伴关系协定（CPTPP）也接近全面生效。这些协定对东北亚地区自贸协定有一定替代效应，也削减了地区国家构建东北亚自贸区的动力。此外，在后疫情时代，各国纷纷增强本国企业独立性和抗击非传统性风险能力，确保供应链安全，提高应对突发事件的水平，打造本国政府可控的国内产业链，制造业回流或成为趋势。同时，各国在发展高科技的同时都希望掌握更多具有自主知识产权的核心科技，维护本国利益，这都使得地区内经济深度合作更加困难。

第二节　盐城融入东北亚的基础与条件

近年来，盐城以新发展理念为引领，积极推进与东北亚国家间的“五通”建设，创建面向日韩、辐射东北亚的区域性经济贸易中心、科技创新中心、金融服务中心和人文交流中心，努力构建陆海内外联动、东西双向互济的开放格局，为更好融入东北亚建设奠定了基础。

一、盐城融入东北亚的基础

（一）政策沟通方面

“十三五”期间盐城积极参与“一带一路”建设，市主要领导多次赴韩国、日本开展经贸交流活动，有力地推进了盐城与韩国、日本等东北亚国家的沟通交流（见表 11-1）。先后印发《关于积极利用外资的意见》《关于进一步优化全市营商环境的实施意见》等系列规划和政策文件，构建起支持外商来盐发展的政策体系。

表 11-1 “十三五”期间盐城与东北亚部分国家互访情况

互访活动	访问时间	代表团	商谈事项
盐城－韩国城市间访问活动	2020-08-23	时任市委书记戴源率市代表团赴韩国考察访问	与现代汽车、SK、LG 等韩国大企业进行交流，鼓励来盐投资兴业
	2019-08-25	市委书记曹路宝率市代表团赴韩国考察访问	落实中韩自贸协定，推进省委省政府对韩开放合作成果落地
	2018-11-07	韩国贸易协会副会长韩珍铉代表团来盐考察访问	深化在各领域的友好交流，推动中韩自贸协定更多成果落实落地
	2016-06-13	韩国南原市市长李桓朱来盐考察访问	希望继续保持良好的关系，加强沟通往来，加深友谊，拓展经济、文化、教育、旅游等方面的合作，促进共同发展
盐城－日本城市间访问活动	2019-05-18	市委书记曹路宝会见日本鹿岛市副市长市村修	加强经济、文化等各方面协作，增进企业、人员等多领域的交流
	2016-11-06	时任市委书记王荣平率代表团赴日本开展经贸人才合作交流	全面推介盐城良好投资环境和人才创新创业环境，进一步推动盐城与日本在经贸、人才等领域开展深入扎实的合作

（二）设施联通方面

目前盐城与日韩两国在设施联通方面优势较为明显，开通了省内首条日韩全货机航线，班期为每周各 4 班，每架次满载货量约 14 吨。常态化运营盐城—韩国仁川港集装箱航线，增辟大丰港与韩国多地直航航线，解决盐城至首尔航权问题并增加釜山新航点。但是与俄罗斯、朝鲜和蒙古国的设施联通情况较差，人员和货物往来大多需要中转才能到达（见表 11-2）。

表 11-2 盐城与东北亚各国设施联通情况

设施联通		韩国	日本	俄罗斯	朝鲜	蒙古国
海上直达	客运	×	×	×	×	×
	货运	√	√	×	×	×
空中直达	客运	√	√	×	×	×
	货运	√	√	×	×	×
陆上直达	客运	×	×	×	×	×
	货运	×	×	×	×	×

（三）贸易畅通方面

“十三五”期间，盐城成功抵御了中美贸易摩擦和新冠疫情带来的双重冲击，实现对东北亚外贸规模稳中有进。2020 年全市对韩日俄蒙朝东北亚 5 国的进出口额分别为 13.5 亿美元、7 亿美元、1.7 亿美元、182 万美元和 8 万美元，除蒙古国外对其他 4 国贸易额均实现正增长。其中，对韩日俄出口分别增长 25.5%、24.3%、7.9%，对蒙古国出口额减少 55.6%，对朝鲜出口趋于停滞（见表 11-3）。

表 11-3 “十三五”期间盐城与东北亚各国贸易往来情况（单位：百万美元）

国家	2016 年		2017 年		2018 年		2019 年		2020 年	
	出口	进口	出口	进口	出口	进口	出口	进口	出口	进口
韩国	25 820	195 637	31 306	111 160	35 817	95 063	43 681	70 984	54 809	80 479
日本	21 930	78 59	22 358	19 707	25 344	26 285	25 351	25 374	31 502	38 907
俄罗斯	11 213	2 169	15 020	9 541	14 526	7 782	15 810	7 354	17 061	495
朝鲜	273	648	1108	18	0	0	0	0	8	0
蒙古国	22	0	556	0	570	275	205	89	91	91

（四）资金融通方面

盐城不断加快金融集聚区建设，在全省率先开展人民币跨境结算便利化试点，支持各金融机构不断深化与境外分行、自贸区分行的业务联动，大力支持企业跨境融资，引进苏北首家外资银行——新韩银行，并协助新韩银行推出“新韩贷”风险补偿资金池项目，有效缓解韩资企业融资难题。设立 20 亿元中韩（盐城）产业园基金，探索形成政府、资金、企业三方“基地 + 基金 + 基业”紧密结合的新模式，基金累计参与引入落地规模超 10 亿元项目 10 个（部分投资项目见表 11-4），荣获最佳政府投资基金。

表 11-4 中韩（盐城）产业园基金投资的部分项目

序号	项目	序号	项目
1	阿特斯 3GW 电池片项目	5	鸿佳电子项目
2	润阳光伏二期项目	6	双龙电机项目
3	捷威动力项目	7	步凤港国际物流园
4	韩国 IA 功率模块爱微（江苏）电力电子项目	8	智尚小镇项目

（五）民心相通方面

盐城秉持“亲诚惠容”的理念，积极与东北亚国家政府、民间、企业交流，强化教育、文化、科技、卫生、农业、旅游、生态环保等领域的合作，以项目合作与人文交流为载体，开展全方位、多层次、宽领域的对外交流活动。目前已经与170多个国家和地区建立经贸交流关系，与东北亚3个国家9个城市结为友好城市（见表11-5）。全面发挥中韩贸易投资博览会平台优势，积极推动开展文化旅游观光周、少年足球邀请赛等一系列对外人文交流活动，盐城已成为韩国人的第二故乡。

表 11-5　盐城友好城市缔结情况

所属国家	城市名称
韩国	南原市、堤川市、光州广域市、大邱广域市、仁川广域市桂阳区、蔚山广域市南区
日本	鹿岛市
俄罗斯	圣彼得堡市彼得格勒大区、奥列霍沃－祖耶沃市
美国	圣地亚哥郡
澳大利亚	博沃德市
意大利	基亚提市
罗马尼亚	德瓦市
澳大利亚	盐城东台市与澳大利亚加拿大湾市缔结友好城市

二、盐城融入东北亚经济圈建设的问题与不足

（一）互联互通的基础设施建设有待加强

主要表现为港口航线不够密、集装箱运输补贴力度不够大；陆水联运机制尚未建立；机场辐射带动作用不够强、跨境物流成本较高，陆上和信息大通道建设缓慢等等。中韩（盐城）产业园作为融入东北亚的桥头堡由盐城经济技术开发区、盐南高新技术产业开发区和大丰临港产业区三个核心板块组成。其中，盐城经济技术开发区成立于1992年，作为国家级开发区拥有中国沿海汽车城、韩资工业园、盐城综合保税区、盐城未来科技城、韩国社区五大功能平台①，但人气不足，小区普遍入住率低。核心板块位于盐城市区南部，

① 陈洪全．中韩（盐城）产业园特色发展研究 [J]. 盐城师范学院学报（人文社会科学版），2019，39（4）：72-75.

是城市规划“重点向南”的发展轴，是盐城市新的行政文化、商务商贸、科教金融中心和新型居住区，但城强产弱，实体经济不强。大丰临港产业区位于大丰港区，拥有国家一级口岸——大丰港，年吞吐能力突破 9 000 万吨、集装箱 45 万标箱，但港、城脱节，港口带动作用不强。产城融合核心区，依托于国家级盐城经济开发区。盐城经济技术开发区作为盐城最早对外开放的窗口、全市工业的集聚地以及外向型经济的龙头，经过近 20 年的开发和建设，现已形成了汽车、机械、纺织、医药、食品、电子等门类较为齐全的工业体系。韩国现代集团、美国江森自控集团等世界 500 强企业和悦达集团、江动集团、光明集团、中大集团等上市公司云集区内。

（二）园区产业发展厚度不够

主要表现为产业要素间的互动和联动能力较弱，产业生态系统尚未形成；企业科技创新能力不强，研发中心和科技孵化基地等功能性机构近乎为零；与东北亚国家在新一代信息技术、高端装备和智能制造、总部经济等重点领域的合作较少。传统产业和一般制造业比重较大，企业关联度较低，产业链短，依靠低成本优势竞争和代工特征比较明显，存在着低水平产业同构和产品趋同现象。新兴产业发展较快，但大多不具备自主知识产权，主要依靠外部投资、引进国外技术设备与管理实现生产力的规模扩张。园区企业还只是数量上的简单汇合，空间上的地理聚集，未能真正形成具有明显产业特色的差别化竞争和集群发展格局[①]。

（三）区域内部贸易发展不平衡

主要表现为“引进来”较多“走出去”较少；对韩日进出口贸易较多，对俄罗斯和蒙古国进出口贸易相对较少，与朝鲜贸易趋于停滞。在东北亚经济圈中，既有像日本和韩国这样的发达国家，又有像俄罗斯那样的地区经济发展极不平衡的中等发达国家，更有像中国经济发展水平显著不一的国家，还有像朝鲜、蒙古国欠发达国家。由于东北亚各国经济发展水平处在不同的发展阶段，因而，各国的经济规模、工业技术水平、人均收入等都存在很大

① 朱益民 . 努力打造中韩（盐城）第四代产业园区 [J]. 唯实，2016（8）：18-22.

的差距。这种经济发展水平的巨大落差和多层次的经济结构，决定了东北亚经济圈的经济合作必然表现为一种复合型的国际分工，即垂直分工和水平分工并存，以垂直分工为主的国际分工。盐城与其他东北亚各国的经济合作尚处于起步阶段，规模较小。原因主要有以下几点：一是朝鲜对外开放力度不够，盐城经济与朝鲜经济的互补性不强。二是盐城与蒙古国交通不便，来往较少。三是俄罗斯远东地区的主要合作区域定位在中国东北，盐城与其距离远，交通不便，并且历史上交往较少。经济全球化意味着产品、服务以及一些重要的生产要素可以实现较大规模的跨国界流动。各个国家的要素条件是不同的，有各自丰裕的要素和短缺的要素。朝鲜、蒙古国、俄罗斯远东地区的自然资源丰富，日本、韩国的资金、技术优势明显。盐城劳动力资源相对丰富而且成本低廉，但资金、技术等要素和矿产、森林等自然资源相对短缺，这就势必制约盐城经济的快速发展。盐城的经济发展，又需要较多地进口紧缺的资源类产品，还需要利用国外资金和先进的技术，以创造更多的就业机会，促进经济的更好发展。从近年来盐城经济的迅速发展看，外资是加快盐城经济发展的重要外部力量，扩大对外贸易是加快经济外向型发展的有效途径，利用外部资源有助于消除经济发展的制约因素。

（四）人文交流滞后，中高端型人才不足

主要表现为人文交流的“量”与“质”的不对称；经贸合作与人文交流的不协调；人文交流中包含太多商贸因素。融入东北亚经济圈谋求更大的发展空间，需要大量懂管理、懂技术、懂资本运作的中高端人才。但盐城属于三线城市，教育资源和医疗卫生资源相对短缺，现代服务业发展相对滞后，城市国际化水平和生活便利化程度相对不足。加上盐通高铁的通车，大大缩短了到苏南经济发达城市的距离，难以集聚大量中高端人才。盐城是人力资源大市，也是传统的劳务输出大市。受传统就业观念影响，劳动力特别是年轻人和高校毕业生，普遍存在宁可到苏南上海打工，也不愿在家乡就业，更不愿到企业就业的“传统风气”和“从众观念”。基层教育卫生等公共服务人才也存在“大中专多、本科以上少”“流动多、留住少”的普遍现象。大多数企业的用人观念和人力资源管理水平也比较陈旧和落后，对人力资源引进和培养存在“轻视”“小视”“短视”现象，特别是在企业薪酬水平总体与苏南等地仍存较大差距的情况下，短时间内劳动力输出远大于输入的状况还很难扭转。

（五）产才城融合不充分，园区发展动能不强

主要表现为产强城弱，城市功能与产业不匹配；高而不尖，人才供给结构性失衡；硬而不软，城市人才吸引力不强等。盐城 6 所普通高等院校目前只有盐城工学院具备培养“研究生”层次人才资质，且绝大部分高校专业设置与园区企业产业需求不匹配，园区缺乏既懂专业技术又懂韩语的人才，导致疫情期间部分企业核心人员需包机从韩国调配。中韩（盐城）产业园配套了商场、医院、学校、公园等硬件基础设施，增强了高层次人才来盐动力，但是引才、用才、留才的软实力仍不够足，未能将产业优势转化为创新优势和引才优势。根据智联招聘发布的《中国城市人才吸引力排名 2021》来看，盐城人才吸引力指数为 25.7，全国排名第 81 位，省内排名 11 位，仍不具有比较优势。

第三节　盐城融入东北亚经济圈的路径

盐城优势在区位，出路在开放，融入东北亚经济圈要聚焦大交通、构建大产业、拓宽新空间、提升软力量、打造强磁场。要坚持定位、发挥优势、主动作为，以更高标准、更大范围、更宽领域、更深层次对外开放，助推盐城高质量发展。

一、盐城融入东北亚经济圈的目标

立足深度融入国家对外开放大格局、服务构建新发展格局和高质量参与“一带一路”建设，以加快推进东北亚经贸深度合作为重点，优化对内对外开放布局，统筹投资、贸易、通道、平台建设，全力打造对外开放新前沿。

二、盐城融入东北亚经济圈的路径

（一）聚焦大交通，建设面向东北亚的交通物流枢纽

围绕“东北亚经济圈”建设，重点提升跨境基础设施互联互通，以“双带”（沿海经济带、淮河生态经济带）建设为依托，“东出西拓，南连北协”，搭建对外开放“新平台”，积极构建“海陆空”大通道。海上要加大对进出口集装箱补贴力度，加强与日韩等境外港口“多港联动”，畅通盐日韩“海上高速公路”，加快形成21世纪海上丝绸之路的海洋运输大走廊。陆路主动对接“苏满欧（苏州—满洲里—欧洲）”、“齐鲁号”中蒙班列（威海—乌兰巴托）、“日中蒙经济走廊多式联运运输新通道（日本—天津—乌兰巴托）”等，畅通东北亚铁路大通道。空中要拓展南洋国际机场功能，努力提升机场能级，增密或增开面向东北亚的国际航线，紧密加强与周边枢纽机场的协作，打造联通东北亚的“空中丝绸之路”。数据联通要加快培育一批大数据服务平台，增强参与“东北亚经济圈”建设的信息化、智慧化能力，加快建设联通东北亚的“信息光通道”。

（二）构建大产业，打造东北亚的产业发展新高地

积极推进中日韩（江苏）产业合作示范区建设，培育1个支柱产业（汽车产业）、2个特色优势产业（新能源装备、电子信息产业）以及一批未来前沿产业，打造“1+2+N”产业体系。汽车产业要顺应“四化（电动化、智能化、网联化、共享化）”发展要求，加快推动悦达起亚、华人运通、北汽摩登、SKI动力电池等新能源汽车及关键零部件配套项目实施，加强同日韩技术交流，深化汽车产业价值链体系的分工，打造集汽车研发、整车、零部件、汽车服务业于一体的汽车产业集群。新能源装备产业要抢抓“能源革命”和“双碳”目标战略机遇，加快吸引东北亚人才、资金、技术、数据等生产要素向盐城集聚，建成东北亚最大的光伏电池生产基地。电子信息产业要重点聚焦汽车电子和智能终端方向，加快中国电子、英锐晶圆、IA等项目建设，推进日本东京电子、韩国OLED、韩国EA电子设备等项目落户盐城，打造面向日韩、辐射东北亚的电子信息港。未来前沿产业要瞄准国际前沿抢占产业发展制高点，超前部署一批具有深远影响，能够改变科技、经济、社会、生态格局的颠覆性技术，来引领东北亚产业发展新方向。深化绿色产业和环境治理领域合作。共同推进亚洲超级电网项目建设，率先在电动汽车、智能电网等领域开展合作，并在环境治理问题上加强区域合作，共同推动区域环境治理①。

（三）拓宽新空间，创建东北亚经贸合作先行示范区

抢抓“一带一路”建设和RCEP发展新机遇，积极把握日韩贸易关税降低和区域原产地累积规则的政策利好，深挖培育外贸群体潜力，深耕韩国、拓展日俄蒙、突破朝鲜市场。巩固对日韩在汽车零部件、电子产品等出口优势，重点扩大先进技术设备、关键零部件、高附加值产品、特色优质消费品进口。鼓励园区企业参与俄蒙朝等在国家资源开发、农产品深加工、交通基础设施等领域合作。充分发挥盐城综保区保税平台功能，发展壮大保税加工、跨境电商等产业，引导制造业企业与阿里巴巴、亚马逊、速卖通、Gmarket等平台对接合作，通过第三方平台对日韩俄蒙开展跨境电子商务。鼓励有条件的企业自建跨境电子商务平台，培育外文电商主播，创新跨境电商模式，积极建设盐城跨境电商展示展销中心，打造中国（盐城）跨境电子商务综合试验区国际商品展示交易和线上O2O商城平台。充分发挥会展经济辐射带动作用，继续举办第四届中韩贸易投资博览会和第四届“一带一路”商协会圆桌会议（盐城）峰会等重大投资贸易促进活动，积极参与中国－东北亚博览会，争取各类国家级和省级对外会议活动在盐城举办，全面提升盐城与东北亚国家乃至全球主要国家和地区的经贸合作水平。

（四）提升软力量，构建东北亚人文交流协作大平台

要加快构建东北亚旅游、教育合作圈，在旅游标准对接、人员跨境流动、跨境旅游线路设计等领域争取实现重要突破。创新人文交流方式方法，鼓励开展云见面、云洽谈等多种“不见面”交流方式。以黄海湿地申遗成功为契机，积极推动“黄海生态圈构建”，扩大同东北亚国家在生态旅游观光方面的合作交流，吸引东北亚国家游客来盐旅游。以韩风国际文化名城创建为载体，融入日韩元素打造东北亚区域性中心城市会客厅。坚持“走出去”“引进来”双向发力，推动盐城师范学院和盐城工学院同东北亚院校间举办合作办学项目，互派留学生。继续组织中俄友谊新年音乐会，鼓励青少年参与互访和体

① 迟福林．中国扩大开放趋势及其对东北亚经贸合作进程的影响[J]. 北方经济，2020（1）：4-5.

育类竞技活动。建立中日韩大健康产业联盟，加快实施医疗健康产业项下的药品器械、技术服务等自由贸易政策及医疗技术人员自由流动政策；开展东北亚智能制造产业项下的深度合作，在研发、人员培训、标准化合作等领域实现突破，并推动实施制造业项下的关键零部件零关税及相关技术人员自由出入境政策。不断健全外国人服务机制，给予园区内符合条件的外籍高层人才主动跟进并提供口岸签证、长期签证、居留许可等便利举措，推行预约预审、24 小时咨询、到期提醒、送证上门等服务措施，进一步提升外国人居停留服务水平。

（五）打造强磁场，构建东北亚人才汇集大舞台

聚焦产城融合，推进产城一体化发展。一是坚持规划引领。将产业发展和园区建设同步规划，按照“海陆统筹、功能集区、小镇联城、轴带展开、生态治城”的思路，统筹考虑“轴、带、区、镇”等要素，同步配套推进，满足产业发展和居民生产生活需要。二是突出产业发展。应围绕汽车、电子信息、新能源装备等重点产业，致力打造国家新能源汽车生产基地、中国东部光谷、江苏电子信息港、中韩海洋经济新高地。着力引进产品技术含量高、节能环保水平高、项目投资强度高、产业集聚度高的项目，以产业发展带动园区城镇发展。三是加快重点项目建设。优化空间布局，重点建设韩风国际文化名城。加快发展数字经济、枢纽经济和楼宇经济，着力提升服务业发展水平，努力打造产城融合先行区。

聚焦产才融合，加快集聚产业“高精尖缺”人才。一是强化“补链”“强链”“延链”激励。根据“1+2+N”产业体系［1 个支柱产业（汽车产业）、2 个特色优势产业（新能源装备、电子信息产业）以及一批未来前沿产业］发展要求，引进培育一批产业集群带动能力强的头部企业，实施“一企一策”，精准助力头部企业落地及发展。二是聚焦“资金链”，激活“人才链”，耦合“产业链”。用好“财保贷”“韩园贷”“新韩贷”等风险补偿资金池，搭建适应转型升级、创新发展的人才梯队，促进人才、产业要素耦合。三是突出“高精尖缺”导向，加大产业人才培训力度。鼓励头部企业面向社会培养“急需紧缺”专业实用人才、驻盐高校增设“急需紧缺”专业、重点企业与高校科研院所联合培养应用型研究生，推动盐城师范学院和盐城工学院同韩日院校间举办合作办学项目，互派留学生，提升办学层次。

聚焦城才融合，增强城市人才吸引力。一是用好政策“金钥匙”，打造引才绿色通道。用好“黄海明珠人才计划”，推动人才联络服务常态化、精细化机制，营造支持人才发展、人才争作贡献的良好氛围。二是夯实创新发展“厚度”，搭好人才发展舞台。推进“一个高端人才市场、多个产业研究院、一批企业技术研发中心”规划建设，支持园区企业与国内外知名高校、科研院所等合作建立协同创新平台。三是推广“一站式”服务，探索人才服务新模式。按照“一口受理、专员服务、部门联办、限时办结”的方式，统一整合为综合服务窗口，打造人才“七心级”（舒心、省心、暖心、安心、顺心、放心、贴心）服务体系。

第十二章　全面对接RCEP经贸新规则

2020年11月15日，RCEP（《区域全面经济伙伴关系协定》）签署，标志着全球规模最大的自由贸易协定正式达成。盐城作为全省加强对韩合作、融入“一带一路”倡议的重要节点，“十四五”期间将承担更多、更重大的国家使命和战略任务，如何夯实“盐—韩”小循环，融入国内国际双循环，推动盐城产业高质量发展，需要找到合适的抓手和切入点。RCEP的签署为盐城产业链强链、补链、延链提供了机会和路径。

第一节　RCEP概况

RCEP整合了东盟与中国、日本、韩国、澳大利亚、新西兰多个“10+1”自贸协定以及中、日、韩、澳、新西兰5国之间已有的多对自贸伙伴关系，还在中日和日韩间建立了新的自贸伙伴关系。15个成员国总人口数达22.7亿元，GDP达26万亿美元，出口总额达5.2万亿美元，均占全球总量将近30%，具有覆盖人口数量最多、成员结构最多元、发展潜力最大等独特发展优势。

一、RCEP签署历程

1997年的东盟与中日韩（时为“9+3”，柬埔寨加入东盟后称“10+3”）领导人非正式会议的举行，正式启动了东盟与中日韩的合作进程，2004年决定扩展为东亚共同体。2005年12月在“10+3”基础上第一次东亚峰会举行，同时吸收了澳大利亚和新西兰加入。2011年2月第18次东盟经济部长会议通过了组建 RCEP 的草案[①]，提出两大动因：一是推进东亚区域经济一体化发展的自身需要，二是应对《跨太平洋伙伴关系协定》（TPP）的冲击需要。根据其草案，RCEP 的目标是在东盟原有的 5 个“10+1”基础上，构建一个涵盖 16 国（当时还包括印度）的全面、高质量、互惠的区域自贸协定，以加强相互间经济合作，拓宽和深化经济一体化，推动区域经济增长。2011 年 11 月第 19 次东盟领导人会议正式批准组建 RCEP 的草案，2012 年 11 月 20 日，在柬埔寨金边召开的第 21 届东盟峰会上，16 国（东盟 + 中日韩澳新印）领导人共同发布《启动 RCEP 谈判的联合声明》，正式启动全球最大自贸区建设进程。2022 年 1 月 1 日，区域全面经济伙伴关系（RCEP）协定正式生效。截至 2022 年 2 月 1 日，日本、中国、澳大利亚、新西兰、新加坡、泰国、越南、文莱、柬埔寨、老挝和韩国这 11 个国家率先生效[②]，印度尼西亚、马来西亚、菲律宾和缅甸也将加快完成国内程序。

二、RCEP 签署带来的新机遇

（一）RCEP 签署对于全球的重要意义

1.RCEP 是目前全球体量最大的自贸区

RCEP 自贸区的建成意味着全球约三分之一的经济体量形成一体化大市场。RCEP 囊括了东亚地区主要国家，将为区域和全球经济增长注入强劲动力。

2.RCEP 是区域内经贸规则的“整合器”

RCEP 通过采用区域累积的原产地规则，深化了域内产业链价值链；利用新技术推动海关便利化，促进了新型跨境物流发展；采用负面清单推进投资自由化，提升了投资政策透明度，都将促进区域内经贸规则的优化和整合。

3.RCEP 实现了高质量和包容性的统一

货物贸易最终零关税产品数整体上将超过 90%，服务贸易和投资总体开放水平显著高于原有“10+1”自贸协定，还纳入了高水平的知识产权、电子

① 王琳 . 全球自由贸易协定新动向及我国的应对之策 [J]. 未来与发展，2014，38（11）：10-14.

② 雒景瑜 . 日本参与 RCEP 谈判：历程、原因与影响 [D]. 北京：外交学院，2022.

商务、竞争政策、政府采购等现代化议题。同时，RCEP 还照顾到不同国家国情，给予最不发达国家特殊与差别待遇，通过规定加强经济技术合作，满足了发展中国家和最不发达国家的实际需求。可以说，RCEP 最大限度兼顾了各方诉求，将促进本地区的包容均衡发展，使各方都能充分共享 RCEP 成果。

（二）RCEP 签署对东亚区域的重要意义

1.RCEP 将有力提振各方对经济增长的信心

在当前全球经济面临困难的背景下，RCEP 自贸区的建成发出了反对单边主义和贸易保护主义、支持自由贸易和维护多边贸易体制的强烈信号，必将有力提振各方对经济增长的信心。据国际知名智库测算，到 2025 年，RCEP 可望带动成员国出口、对外投资存量、GDP 分别比基线多增长 10.4%、2.6%、1.8%。

2.RCEP 将显著提升东亚区域经济一体化水平

RCEP 自贸区的建成是东亚区域经济一体化新的里程碑，将显著优化域内整体营商环境，大幅降低企业利用自贸协定的制度性成本，进一步提升自贸协定带来的贸易创造效应。RCEP 还将通过加大对发展中和最不发达经济体的经济和技术援助，逐步弥合成员间发展水平差异，有力促进区域协调均衡发展，推动建立开放型区域经济一体化发展新格局。

3.RCEP 将促进区域产业链、供应链和价值链的融合

RCEP 成员之间经济结构高度互补，域内资本要素、技术要素、劳动力要素齐全。RCEP 使成员国间货物、服务、投资等领域市场准入进一步放宽，原产地规则、海关程序、检验检疫、技术标准等逐步统一，将促进域内经济要素自由流动，强化成员间生产分工合作，拉动区域内消费市场扩容升级，推动区域内产业链、供应链和价值链进一步发展。

（三）RCEP 签署对于中国的重要意义

1.RCEP 将成为新时期我国扩大对外开放的重要平台

我国与 RCEP 成员贸易总额约占我国对外贸易总额的三分之一，来自 RCEP 成员实际投资占我国实际吸引外资总额比重超过 10%。RCEP 一体化大市场的形成将释放巨大的市场潜力，进一步促进区域内贸易和投资往来，这

将有助于我国通过更全面、更深入、更多元地对外开放，进一步优化对外贸易和投资布局，不断与国际高标准贸易投资规则接轨，构建更高水平的开放型经济新体制。

2.RCEP 将助力我国形成国内国际双循环新发展格局

RCEP 将促进我国各产业更充分地参与市场竞争，提升在国际国内两个市场配置资源的能力。这将有利于我国以扩大开放带动国内创新、推动改革、促进发展，不断实现产业转型升级，巩固我国在区域产业链供应链中的地位，为国民经济良性循环提供有效支撑，加快形成国际经济竞争合作新优势，推动经济高质量发展。

3.RCEP 将显著提升我国自由贸易区网络“含金量”

加快实施自由贸易区战略是我国新一轮对外开放的重要内容。RCEP 签署后，我国对外签署的自贸协定将达到 19 个，自贸伙伴将达到 26 个。通过 RCEP，我国与日本建立了自贸关系，这是我国首次与世界前十的经济体签署自贸协定，是我国实施自由贸易区战略取得的重大突破，使我国与自贸伙伴贸易覆盖率增加至 35% 左右，大大提升了我国自贸区网络的“含金量”。

（四）RCEP 签署对盐城的重要意义

1.RCEP 将有助于盐城扩大出口市场，满足进口消费，加快形成经济双循环发展格局

RCEP 作为全球最大的自贸区，具有覆盖人口数量最多、成员结构最多元、发展潜力最大等独特发展优势。RCEP 的达成将有助于扩大盐城出口市场空间，有助于满足国内进口消费需求，有利于稳外资、稳外贸、稳投资、稳就业和确保产业链、供应链稳定。为盐城加速形成以国内大循环为主体、国内国际双循环相互促进的新发展格局提供有效支撑。同时，国际分工格局的重塑，为盐城在更高水平的东亚开放合作、特别是中日韩合作体系中谋划更高质量发展提供重要条件。

2.RCEP 将有助于促进生产性要素流动，优化市场资源配置，降低盐城企业生产成本

RCEP 在“10+1”自贸协定以及中、日、韩、澳、新西兰 5 国之间已有

的多对自贸伙伴关系，还在中日和日韩间建立了新的自贸伙伴关系，将进一步推动关税降低，加速生产性要素流动，优化市场资源配置，降低企业生产成本。协定签署后，协定成员国将总体实现 90% 以上税目的零关税，而且关税减让以立即降至零关税、十年内降至零关税的承诺为主。RCEP 通过大幅降低关税和原产地区域累计原则，极大地降低橡胶、玻璃、纺织等盐城企业生产所需重要的原材料关税。如，澳大利亚生产的羊毛可以免税进入盐城，将有助于降低盐城纺织企业制造成本。

3.RCEP 将有助于补齐产业链、供应链短板，提升盐城产业竞争力

RCEP 通过使成员国间货物、服务、投资等领域市场准入进一步放宽原产地规则、海关程序、技术标准等逐步统一，将促进区域内的商品、技术、服务、资本等经济要素自由流动，形成“贸易创造”效应，实现创新链、供应链、产业链和价值链的补链、扩链、强链，进而增强盐城产业链的韧性。以电子信息行业为例，盐城规模以上电子信息企业 323 家，已覆盖 11 个细分行业、46 个细分门类，构建起从核心部件到品牌整机的全产业链，但是高端电子信息产业技术创新系统尚不完善，技术创新能力还较弱。而日韩在半导体、光刻设备等方面都居世界前列，有很强的竞争力，通过 RCEP 建立起来的中日韩贸易关系，可以进一步补齐盐城产业链、供应链短板，优化盐城产业链布局，提升盐城产业竞争力。

4.RCEP 将加速盐城中低端产业向外转移，引发产业空心化风险，加剧劳动力就业困难

从产业发展的角度来看，RCEP 将促进纺织品行业、电子信息组装行业等中低端的加工和制造业向成本更低的东盟国家转移，从而引发产业“空心化”现象。服装纺织、电子信息组装作为盐城的重要产业，2019 年规模以上工业中服装纺织企业 540 家，实现工业总产值 384.4 亿美元，占工业总量的 7.9%。随着盐城土地、人工（2019 年从业人员月平均工资 6 835 元）等成本的提高，制造业中的低端产业向外迁移已是无法避免的趋势，加上资本的逐利性，当低端劳动密集型产业在盐城逐渐丧失优势时，会出现外来的资本抽走资金，加速产业外移风险，加剧劳动力就业难度。

第二节　盐城全面对接 RCEP 的现状

RCEP 生效实施以来，盐城抢抓对外开放新机遇，高质量实施 RCEP，推动高水平对外开放，取得了阶段性成效。制订出台《盐城市高质量实施 RCEP 行动方案》，从贸易、投资、金融、服务等多个维度共同发力，2022 年 1—11 月盐城与 RCEP 其他成员国货物贸易进出口总额达 88.2 亿美元，同比增长 44%，2022 年吸引 RCEP 成员国来盐投资项目 19 个，合同外资 5.27 亿美元，投资领域覆盖汽车制造、电子信息等产业。盐城在 RCEP 其他成员国新增投资项目 7 个，同比增长 75%。

一、盐城与 RCEP 其他成员国贸易及投资合作概况

对外贸易方面：2019 年，盐城对 RCEP 其他 14 个成员国（以下简称 RCEP 14 国）货物贸易进出口总额占全市的 36.3%，对韩、日、澳进出口额达 789 932、349 466、274 420 万美元。其中对韩出口 301 276 万美元，进口 488 655 万美元。外资方面：2019 年 RCEP 14 国在盐新设投资项目 15 个，实际投资超 10 270 万美元，占盐城实际使用外资比重的 12%。其中，盐城是韩资企业的重要聚集地，已集聚了现代起亚、SK、摩比斯、京信电子、新韩银行等近千家韩资企业，在盐总投资超过 80 亿美元，韩国已成为盐城最大的贸易伙伴和外资来源国。由此可见，盐城与 RCEP 14 国的经贸和投资往来密切，RCEP 已成为盐城重要的贸易投资伙伴。

二、盐城对接 RCEP 以来取得的成效

（一）对接协定效应初步显现

RCEP 生效以来，商务部全方位指导和支持园区做好政策对接，组织或参加多场省市关于 RCEP 的专场培训活动，积极对接利用江苏自贸区公共服务平台；帮助企业把握 RCEP 的降税政策，充分运用原产地区域累积规则，用好贸易投资自由化便利化的机遇；盐城港口岸新开通至日本、越南等国际直

达航线，助力盐城企业持续深耕 RCEP 区域市场，深化与 RCEP 其他成员国的产业链供应链合作。

（二）推动贸易投资快速增长

RCEP 生效以来，从我国与 RCEP 其他成员国进出口总额达到 12.95 万亿元，同比增长 7.5%，占我国外贸总额的 30.8%。其中对 8 个成员国的进出口增速超过了两位数。从双向投资来看，我国对 RCEP 其他成员国的非金融类直接投资达 179.6 亿美元，增长 18.9%，吸收直接投资 235.3 亿美元，增长 23.1%，双向投资的增速都高于总体水平。盐城市实际使用外资 11.83 亿美元，同比增长 8.99%，外贸进出口 206.37 亿美元，同比增长 19.70%；经济开发区实际使用外资 11.13 亿美元，同比增长 4.30%，进出口 169.12 亿美元，同比增长 24.10%。2022 年 1—11 月盐城与 RCEP 其他成员国货物贸易进出口总额达 88.2 亿美元，同比增长 44%。2022 年吸引 RCEP 其他成员国来盐投资项目 19 个，合同外资 5.27 亿美元，投资领域覆盖汽车制造、电子信息等产业。盐城在 RCEP 其他成员国新增投资项目 7 个，同比增长 75%（见表 12-1）。

表 12-1 盐城高质量实施 RCEP 协定一周年的贸易投资成效

类别	金额 / 项目数	同比增长
盐城与 RCEP 其他成员国货物贸易进出口总额	88.2 亿美元	44%
RCEP 其他成员国来盐投资项目	19 个	—
盐城在 RCEP 其他成员国新增投资项目	7 个	75%

（三）增强企业享受协定红利

RCEP 生效以来，我国和 RCEP 其他成员国已经生效的双边自贸协定执行更彻底、辐射效应更明显。企业享受 RCEP 政策带来的红利更喜人。2022 年，我国的出口企业申领 RCEP 项下的原产地证书和开具原产地声明一共 67.3 万份，享惠出口货值达到 2 353 亿元，可享受到进口国的关税减让 15.8 亿元；我国企业享惠进口货值 653 亿元，可享受税款减免 15.5 亿元。2022 年，盐城海关累计签发 RCEP 原产地证书 2 035 份，货值 8.1 亿元，可享受目的国关税优惠 827 万元。

第三节　盐城全面对接 RCEP 的路径

盐城全面对接 RCEP 立足新发展阶段，完整、准确、全面贯彻新发展理念，积极融入和服务新发展格局，以实施扩大开放战略带动高质量发展为主线，以共建“一带一路”为重点，深度融入 RCEP 更广范围、更宽领域、更深层次的区域经济一体化进程，加快培育沿海开放新优势，提高盐城参与全球资源配置能力和整体经济效率。

一、总体目标

不断拓展和深化与 RCEP 其他成员国的经贸合作，推动合作机制更加健全、要素流动更加自由、资源配置更加高效、市场融合更加深入、合作平台更加广阔、营商环境更加良好，积极建设 RCEP 高水平开放合作示范城市。引导和鼓励盐城企业扩大 RCEP 经贸合作“朋友圈”，全面对接 RCEP 经贸规则和标准，加速转型升级步伐，增强参与国际市场竞争力。

二、重点任务

为深入推动盐城构建对外开放合作和竞争新优势，落实商务部等 6 部门《关于高质量实施〈区域全面经济伙伴关系协定〉（RCEP）的指导意见》（商国际发〔2022〕10 号）和《江苏省关于高质量实施〈区域全面经济伙伴关系协定〉（RCEP）的若干措施》（苏商贸研〔2022〕99 号），全面对接 RCEP，抢抓开放新机遇，为高水平开放和高质量发展培育新动能；勇当沿海地区高质量发展排头兵，制订《盐城市高质量实施 RCEP 行动方案》，提出了全面对接 RCEP 重点任务。

（一）推动贸易高质量发展

1. 提升贸易便利化水平

进一步推广“提前申报”“两步申报”等便利化改革，保障 RCEP 其他成员国货物通关顺畅、快速放行。对已运抵海关监管作业场所且符合正常放行条件的 RCEP 其他成员国原产易腐货物、快运货物实现海关工作时间 6 小时内放行。推广应用经核准出口商制度，加大对与 RCEP 其他成员国经贸合作紧密企业的信用培育力度，指导企业用足用好原产地自主声明便利化措施。提高原产地证书智能审核水平，持续提升原产地证书企业自助（主）打印比例。

2. 扩大与 RCEP 其他成员国贸易规模

以 RCEP 市场为导向，巩固汽车零部件外贸转型升级基地优势地位，加快集成电路、新能源等外贸转型升级基地创建。加大省级国际知名品牌培育力度，支持企业创立自主品牌、开展境外品牌注册和产品认证。利用进博会等重点展会，发挥进口贴息政策引导作用，鼓励企业积极进口 RCEP 其他成员国先进技术、重要设备、关键零部件、化工品、大宗资源性商品，促进产业升级。支持企业设立 RCEP 进口商品直销中心和直销平台，建立水产品、食品、医药、康养、美妆等特色商品、优质消费品稳定进口渠道，扩大中高端消费供给。依托中日韩全货机业务，打造日韩进口商品集散中心。

3. 加快发展外贸新业态新模式

高水平履行 RCEP 电子商务规则，深化跨境电商综试区建设，引导跨境电商产业园做优特色、创新发展，推动各地创建市级及以上跨电产业园。推动传统外贸企业向跨境电商转型，鼓励企业利用知名跨境电商平台拓展 RCEP 市场。探索跨境电商转口贸易等新模式，培育保税仓直播销售模式。培育外贸综合服务企业，鼓励企业在 RCEP 其他成员国布局海外仓，拓宽 RCEP 区域营销渠道。

4. 加快服务贸易发展

加快落实制造业研发、管理咨询、养老服务等服务贸易开放承诺。结合盐城现代服务业体系建设，加强与韩日等国在工业设计、医疗康养、技术服务等领域合作，加强与东盟在文化、旅游、专业服务等领域合作，依托黄海湿地资源，积极发展面向 RCEP 市场的文旅、创意等特色服务贸易。

5. 探索发展数字贸易

支持企业利用线上展示、线上洽谈、电子支付、电子签约等方式拓展 RCEP 市场。支持海关、税务、外汇管理等部门拓展线上业务、缩短办理时间，提升物流、结算、纳税等业务的智能化、自动化水平，支持更多中小企业融入跨境供应链和消费链。探索数字贸易促进体系，扩大行业新兴平台软件、嵌入式软件和先进技术对 RCEP 市场出口规模，突破数字出版、网络视听、动漫游戏等数字内容出口。

（二）拓展双向投资合作

1. 提升投资自由化便利化水平

切实履行 RCEP 投资负面清单承诺，落实好全国版和自由贸易试验区版外商投资准入特别管理措施（负面清单），确保各项开放措施落地到位。主动承接 RCEP 框架下国家和省级经贸活动，积极搭建商品贸易、投资促进、产业技术等合作交流平台，加强和扩大盐城面向 RCEP 区域的贸易投资促进与推广。支持 RCEP 其他成员国跨国公司在盐设立总部和外资研发中心，支持 RCEP 其他成员国相关机构在盐出资或参与各类私募投资基金，利用合格境外有限合伙人（QFLP）政策投资本地项目。便利人才要素自由流动，推进与 RCEP 重点国别签署跨境人力资源合作协议，探索专业服务领域高端人才职业资格国际互认，为 RCEP 其他成员国商务访问者、公司内部流动人员、合同服务提供者、安装和服务人员，以及随行配偶、家属入境与停居留提供便利。

2. 深化拓展与韩日产业合作

把握中日韩首次建立自贸关系的新机遇，围绕盐城 23 条重点产业链，紧盯关键环节、空白领域开展产业链精准招商，举办中韩贸易投资博览会、新能源高峰论坛、环保产业博览会、“5 · 18”经贸交流等投资促进活动，推动产业链“固链”“补链”“强链”发展。鼓励各地结合发展需要，依托中韩（盐城）产业园、中日韩（江苏）产业合作示范园区等与日韩产业合作基础较好的各类开放载体，聚焦医疗美容、人工智能、氢能、时尚产业等日韩优势产业，巩固拓展对韩合作，加快突破对日合作。鼓励企业围绕产业链供应链上下游环节开展紧密合作，促进与日韩产业链供应链优势互补、深度融合。

3. 优化产业链供应链布局

鼓励龙头骨干企业用好 RCEP 原产地区域累积规则，优化区域内产业链供应链布局，提升跨境资源整合能力[①]，支持中小企业积极参与区域产业链供应链协同协作发展，保障产业链供应链安全。聚焦盐城先进制造业集群，积极引进 RCEP 其他成员国世界 500 强、行业龙头、隐形冠军，推动存量优质外资企业增资扩能。围绕研发设计、产品维修、管理咨询、专业服务、现代物流、检测认证、商贸会展等服务业领域，积极引进 RCEP 其他成员国优质企业。推动传统产业链优化升级，深入推进“智改数转”，支持企业加强设备更新和新产品应用。加快纺织机械等制造业在东盟、日韩等成员国“走出去”步伐。鼓励企业开展新能源产业、新能源汽车制造等领域投资合作。支持对外承包工程企业加快向投建营一体化转型升级，拓展 RCEP 其他成员国工程承包市场。支持有条件的龙头企业在 RCEP 其他成员国创建境外经贸合作区，鼓励企业联合长三角企业抱团出海、共同入驻，全面加强境内外产业集群的联动发展。

（三）构建配套服务体系

1. 做优公共服务

用好省“FTA 智慧应用公共服务平台”，提供 RCEP 等自贸协定优惠关税智能查询服务和原产地证书申领辅助服务。联合驻盐高校、研究机构等，加大 RCEP 宣传推介和培训力度，分地区、分行业开展精准培训；完善重点企业上门服务制度，帮助企业提升应用 RCEP 规则的能力。推动设立 RCEP 企业服务中心，为企业开拓 RCEP 市场提供精准服务，着力提升中小企业应用规则参与国际竞争的能力。依托“全程相伴”江苏走出去综合服务平台，提供 RCEP 其他成员国政治、经济、法律、市场等综合信息。鼓励产业联盟、行业协会及相关中介机构增强面向 RCEP 区域经贸合作的服务功能，提供信息交流、资源共享、咨询帮助等综合服务。

2. 加强金融支持

鼓励全市各类金融机构深化对 RCEP 区域内的产业链供应链金融服务，依规对 RCEP 区域内项目提供境外贷款支持，开展适应多种贸易业态的跨境

① 陈柳，踪家峰 . 打造对韩经贸合作的优势载体 [J]. 群众，2022（14）：47-48.

融资业务和跨境结算便利化试点，促进全市企业与 RCEP 区域内产业链供应链的跨国、跨地区深度融合。鼓励金融机构深化对全市实施 RCEP 重点园区的金融支持，促进形成一批在 RCEP 区域内有一定影响的产业集群。探索建立 RCEP 重点企业金融服务顾问机制，促进小微企业信用贷、首贷增量扩面，进一步拓宽企业融资渠道，支持符合条件的企业发行债券。扩大与 RCEP 成员国间的跨境人民币结算规模，支持金融机构创新人民币交易、投资、避险产品，为企业提供高效便捷的跨境人民币金融产品，提升产业链供应链风险防范能力。

3. 畅通交通运输体系

支持大丰港区开通与 RCEP 其他成员国的近洋航线，支持南洋国际机场对韩日货运航线恢复运行，增强国际运力。推动盐城对接中欧班列建设，以滨海港铁路支线建设为契机，开通中欧班列，促进盐城“公海铁水”联运一体化发展。依托韩日全货机航线，畅通东西向货运海陆走廊。推进疏港铁路和高速建设，提升货物快速集散能力，完善港口集疏运体系。优化完善机场及周边集疏运体系建设，探索空铁联运、空水联运、铁水联运运输方式。提升盐城港与上海港合作层级，增加盐城港与上海港的集装箱联运协作，为企业提供更加便利化的联运通道。

4. 强化知识产权保护

加强国家海外知识产权纠纷应对指导，探索在 RCEP 重点国别建设海外知识产权纠纷应对指导工作站，提升境外展会知识产权纠纷应对能力，加强海外知识产权纠纷应对和维权援助。开展知识产权专项执法行动，深化行刑衔接协作机制，加强知识产权侵权行为查办和刑事打击力度。针对盐城涉及 RCEP 其他成员国的外向型企业，加强 RCEP 知识产权规则专题培训，引导企业利用 RCEP 知识产权规则更好参与国际竞争与合作。

5. 完善法律服务体系

拓展海外法律服务，鼓励引导市内法律服务机构与 RCEP 其他成员国开展法律事务合作，为企业参与 RCEP 区域经贸合作提供优质法律服务。依托国家和省贸促会国际商事争端预防与解决组织、商事调解中心等载体，协助企业运用调解、仲裁等商事争端多元化解决机制，妥善应对区域内贸易投资争端。

三、全面对接路径

（一）深化合作新内涵，拓展共赢发展新空间

一是进一步夯实“盐—韩”小循环，构建国内国外双循环。要以中韩（盐城）产业园、国家跨境电商综合试验区等“点”突破，带动沿海经济带“线”隆起，形成全产业链、全市域、全方位对韩合作新局“面”。要全面接轨以上海为龙头的长三角城市群，深化同“一带一路”、东北亚自由贸易区等国际合作，加快融入国际国内双循环新发展格局。二是加快构筑链接全球的交通网络，打造国际门户枢纽城市。要全面提升盐城港综合运输枢纽功能、多式联运功能、临港产业集聚功能、物流增值服务功能。加强大丰港区、射阳港区、滨海港区、响水港区四大沿海港区码头泊位和配套基础设施建设[①]。拓展航班航线，满足对韩航空运输增长需求，进一步拓宽对外开放的空中走廊，实现区域内外互联互通。三是深化交流合作，促进产业融合发展。要进一步提升生态环保、健康美容、文化体育、观光旅游、青年交流等领域合作水平，打破行业壁垒和产业界限，加快构建交叉渗透、耦合共生、跨界融合的产业生态，培育发展多元融合新产业新业态新模式，培育新的经济增长点。

（二）完善全产业链布局，打造世界级产业集群

一是抢抓区域经济合作新机遇，调整优化全产业链布局。要借助 RCEP 协定加速跨国公司新一轮调整优化机遇，以科技创新为牵引、以重大项目为抓手，推动产业链强链、补链、延链，突破关键环节核心技术，大力抢占价值链高端环节，推动产业链供应链多元化，支撑制造业高端攀升。二是支持企业“抱团出海”跨境投资。盐城已在印度尼西亚累计投资额为 98 137 万美元，在柬埔寨累计投资额超 8 000 万美元，在马来西亚累计投资额近 6 000 万美元，在新加坡累计投资额为 3 393 万美元。要进一步鼓励和引导企业加强

① 包振山，殷凤春，寇铮 .RCEP 背景下我国外向型产业园区对接亚太自贸先行区的路径选择：以中韩（盐城）产业园为例 [J]. 盐城师范学院学报（人文社会科学版），2022，42（1）：15-23.

与 RCEP 其他成员国的互联互通，提高贸易和投资合作水平，推动国际产能和装备制造合作，积极引导企业抱团“走出去”，加大对 RCEP 其他成员国的投资力度。三是加快发展数字经济，推动产业数字化转型。要依托国家制造业大数据高新技术产业化基地、华东江苏大数据交易中心等平台载体，大力发展大数据、人工智能、区块链等，加快产业数字化转型，推进生产装备智能化升级、工艺流程智慧化改造和基础数据网络化共享。

（三）创新招商引资方式方法，打造一流营商环境

一是围绕产业链招商，融合创新创造新供给。要针对盐城实际情况，开展以产业链上中下游招商模式，改造传统产业、培植特色优势产业，推动上游、中游、下游的产业链集群，促使同类产品、同类企业扎堆形成集群，加宽加长产业链。要把握好“0—1”（原始基础创新）、“1—100”（技术转化创新）、“100—100 万”（大规模生产能力）三大阶段财政、金融的均衡配置，促使创新“禀赋”转化成竞争“优势”。二是复制推广自贸区经验，推进“放管服”改革。要以复制推广自由贸易试验区经验为抓手，加大国际贸易创新改革，力争成为全国对接 RCEP 建设的先行区、排头兵。全面落实工商登记“证照合一”，推广“一窗通办、一网通行”利企便民不见面服务。实施市场准入负面清单制度，建设现代信用社会，全面完善公平竞争市场环境。三是健全人才便利化服务机制，激发人才队伍创新活力。要给予高层次人才在落户、出入境、医疗、子女入学、配偶安置等方面提供更加便利的服务。给予符合条件的外籍高层人才，主动跟进并提供口岸签证、长期签证、居留许可等便利举措，推行预约预审、24 小时咨询、到期提醒、送证上门等服务措施，进一步提升外国人居停留服务水平。

（四）做大做强做优实体经济，避免产业空心化

一是加强制度供给，提升传统产业发展新动能。聚焦机械、纺织、化工和建筑四大主导产业，以政策创新为牵引、以重大项目为抓手，着力延伸产业链、提升价值链、融通供应链，推进传统产业基础高级化、产业链条现代化，全力建设长三角北翼产业集聚新高地。二是推进制造业与服务业深度融合、拓展传统产业新发展空间。以四大主导产业为重点，鼓励制造企业向研发设计、售后服务等产业链两端延伸，加快突破工业设计、个性化定制、智能制造、全生命周期管理等业务，推动制造企业从产品制造商向系统解决方案提供商转变。三是推动产业投资基金发展，加快培育有市场竞争力的现代企业。要以基金为支点，构建强大的资本生态圈，培育一大批快速成长的瞪羚、独角兽企业和“专精特新”中小企业为主力军的企业梯队，形成大中小企业共生共荣、配套协作的竞争发展格局，筑牢产业链条不断层。

参 考 文 献

[1] 于安龙 . 习近平关于中国式现代化重要论述的新贡献 [J]. 经济学家，2022（3）：5-12.

[2] 韩保江，李志斌 . 中国式现代化：特征、挑战与路径 [J]. 管理世界，2022，38（11）：29-43.

[3] 洪银兴 . 论中国式现代化的经济学维度 [J]. 管理世界，2022，38（4）:1-15.

[4] 王永贵 . 中国式现代化新道路的鲜明特征 [J]. 思想教育研究，2022（10）：10-15.

[5] 骆郁廷 . 中国式现代化：共同特征与中国特色 [J]. 马克思主义研究，2023（1）：56-63，159-160.

[6] 张丽萍 . 坚持以人民为中心 做好交通强国铁路先行的践行者 [J]. 理论学习与探索，2018（6）：9-10.

[7] 闫晶，张瀚舟 . 碳达峰碳中和先行城市的经验、挑战和启示 [J]. 上海节能，2021（8）：778-782.

[8] 蔡斌，曹炜，王海华 . 江苏省高比例可再生能源发展路径分析 [J]. 中国电力企业管理，2020（19）：52-56.

[9] 刘静榕，杨扬，孙枝鹏，等 . 汽车整车大规模个性化定制的范式及标准需求分析 [J]. 标准科学，2022（4）：44-48，54.

[10] 邱彬，王芳，刘万祥 . 中国汽车产业发展趋势分析 [J]. 汽车工业研究，2022（1）：2-9.

[11] 高运胜，金添阳 . 双循环视角下中国新能源汽车出口机遇与挑战 [J]. 价格月刊，2021（9）：55-62.

[12] 涂永红，李胜男 . 金融创新支持新兴产业集群发展 [J]. 中国金融，2020（24）：86-87.

[13] 王少君 . 培育先进制造业集群 推动制造业优化升级 [J]. 中国信息化，2021（5）：26-50.

[14] 罗亚娟，陈阿江 . 空间失范：污染企业迁移的社会逻辑 [J]. 学习与探索，2022（6）：26-33.

[15] 江苏省城市经济学会联合调研组，沈和，陈娟 . 着力打造绿色低碳园区时代标杆：南京江宁经济技术开发区 30 年开放与创新发展情况调查 [J]. 中国发展观察，2022（7）：92-96.

[16] 殷凤春 . 协同推进绿色低碳发展示范区建设 [J]. 群众，2022（18）：51-52.

[17] 张蕴岭 . 新形势下的中韩关系：挑战与选择 [J]. 国际问题研究，2022（5）：47-57，139-140.

[18] 寇铮，殷凤春 . 中韩（盐城）产业园高质量发展路径研究：基于“双循环”新发展格局 [J]. 盐城师范学院学报（人文社会科学版），2022，42（4）：33-41.

[19] 崔荧奎 . 共建“东北亚经济走廊”路径选择 [J]. 中国投资，2019（23）：50-51.

[20] 陈洪全 . 中韩（盐城）产业园特色发展研究 [J]. 盐城师范学院学报（人文社会科学版），2019，39（4）：72-75.

[21] 朱益民 . 努力打造中韩（盐城）第四代产业园区 [J]. 唯实，2016（8）：18-22.

[22] 迟福林 . 中国扩大开放趋势及其对东北亚经贸合作进程的影响 [J]. 北方经济，2020（1）：4-5.

[23] 王琳 . 全球自由贸易协定新动向及我国的应对之策 [J]. 未来与发展，2014，38（11）：10-14.

[24] 陈柳，踪家峰 . 打造对韩经贸合作的优势载体 [J]. 群众，2022（14）：47-48.

[25] 包振山，殷凤春，寇铮 .RCEP 背景下我国外向型产业园区对接亚太自贸先行区的路径选择：以中韩（盐城）产业园为例 [J]. 盐城师范学院学报（人文社会科学版），2022，42（1）：15-23.
[26] 胡邦喜 . 当今世界钢铁工业发展特征浅析 [J]. 冶金设备，2005（4）：32-34，61.
[27] 李新创，姜晓东，周翔，等 . 关于中国钢铁产业深化落实供给侧结构性改革的战略思考 [C]// 中国企业改革与发展研究会 . 中国企业改革发展优秀成果（首届）上卷 . 北京：中国经济出版社，2017.
[28] 董崇黎 . 关于威海经济融入东北亚经济圈的策略研究 [D]. 青岛：中国海洋大学，2023.
[29] 雒景瑜 . 日本参与 RCEP 谈判：历程、原因与影响 [D]. 北京：外交学院，2022.
[30] 刘山斌 .RCEP 国家经济自由度对我国 OFDI 逆向技术溢出效应的影响 [D]. 延吉：延边大学，2023.
[31] 耿鹏 . 产业结构调整背景下地方政府招商引资问题及对策研究 [D]. 南京：东南大学，2018.
[32] 谭文邦 . 新发展阶段提升国家治理效能路径探究 [D]. 桂林：广西师范大学，2021.
[33] 李新创 . 中国钢铁未来发展之路 [M]. 北京：冶金工业出版社，2018.
[34] 中国在全球汽车供应链变革中成为新中心 [N]. 现代物流报，2022-09-14（05）.
[35] 何聪，刘志强，李翔 . 在产业高地上锻造更强韧性：开局之年看昆山 [N]. 人民日报，2023-06-12（01）.
[36] 孟凡君 .“双碳”目标引领建设钢铁产业链保障体系 [N]. 中国工业报，2021-11-19（01）.
[37] 刘俊鹏，梁彩华 . 以战略新兴产业为引擎 推动产业结构优化升级 [N]. 中国航空报，2021-07-16[A08].
[38] 新时代新征程新伟业 株洲两个产业集群成为国家重点培育对象 [N]. 新闻

株洲，2022-11-28.

[39] 曾立，吴刚 . 这份质量高成色好的成绩单得来不易 [N]. 重庆日报，2021-12-21（04）.

[40] 盐城市统计局 .2022 年盐城市国民经济和社会发展统计公报 [EB/OL].（2024-02-20）https://www.yancheng.gov.cn/art/2024/2/20/art_13184_4152233.html.

[41] 盐城市国民经济和社会发展第十四个五年规划和二〇三五年远景目标纲要 [EB/OL].（2021-03-04）https://wap.yancheng.gov.cn/art/2021/8/3/art_31662_541.html.

[42] 盐城市“十四五”新能源产业发展规划 [EB/OL].（2021-09-19）https://www.yancheng.gov.cn/art/2021/10/13/art_30463_3740103.html.

[43] 盐城市“十四五”电子信息产业高质量发展规划 [EB/OL].（2021-08-12）https://www.yancheng.gov.cn/art/2021/8/12/art_30463_3709507.html.

[44] 盐城市“十四五”钢铁产业高质量发展规划 [EB/OL].（2022-02-21）https://static.cnfeol.com/chart/news/22/0221/20220221135801273 1.pdf.

[45] 盐城市“十四五”汽车产业高质量发展规划 [EB/OL].（2021-07-04）https://www.yancheng.gov.cn/art/2021/7/4/art_30463_3641700.html.